"De la Idea a la Abundancia:

Tu Guía Definitiva para Prosperar en Línea"

De LEA MONERA

" De la Idea a la Abundancia" de Lea Monera

" Dedicada a mi amado Dios , por su amor, compasión, generosidad, y lealtad cada día!! Y a ti mi querido/a lector/a , para qué la bendición de Dios, la abundancia y el éxito te encuentren y te acompañen de la mano en tu caminar todos los días de tu vida"

" De la idea a la Abundancia" De Lea Monera

INTRODUCCIÓN

En la era digital en la que vivimos, ganar dinero en línea se ha convertido en una forma popular y conveniente de generar ingresos adicionales o incluso sustituir un trabajo tradicional. Con la cantidad de oportunidades disponibles en internet, es posible encontrar una opción que se adapte a tus habilidades y objetivos financieros. En este libro, te revelaré los secretos para ganar dinero en línea de manera efectiva y sostenible.

¿Alguna vez has tenido una idea brillante que te ha hecho soñar con un futuro lleno de posibilidades? Tal vez te imaginas trabajando desde la comodidad de tu hogar, disfrutando de la libertad financiera y dedicando tiempo a lo que realmente te apasiona. La buena noticia es que ese pensamiento puede materializarse en tu realidad presente.

En este libro, te guiaré paso a paso en el emocionante viaje de transformar tus ideas en un negocio próspero en línea. No importa si eres un principiante o si ya has probado suerte en el mundo digital; aquí encontrarás estrategias prácticas, consejos valiosos y secretos que han ayudado a muchos a alcanzar la abundancia que desean.

Prepárate para descubrir cómo convertir tus pasiones en ingresos, superar obstáculos y, lo más importante, construir una vida que te inspire. Así que, si estás listo para dar el primer paso hacia tu nueva vida, ¡vamos a sumergirnos en el fascinante mundo de las oportunidades en línea!

"De la Idea a la Abundancia" De Lea Monera

CONTENIDO

Capítulo 1: **La Era Digital: Oportunidades a tu Alcance** (p.7)
- Introducción a las posibilidades de ganar dinero en línea y cómo ha cambiado el panorama laboral.

Capítulo 2: **Descubriendo Tu Pasión: El Primer Paso hacia la Abundancia** (p.20)
- Cómo identificar tus intereses y habilidades para encontrar la idea adecuada para tu negocio en línea.

Capítulo 3: **Modelos de Negocio en Línea: ¿Cuál es el Tuyo?** (p.33)
- Exploración de diferentes modelos de negocio (e-commerce, marketing de afiliados, creación de contenido, etc.) y cómo elegir el que mejor se adapte a ti.

Capítulo 4: **Construyendo Tu Marca Personal: Destácate en el Mundo Digital** (p. 54)
- Estrategias para desarrollar una marca personal sólida que resuene con tu audiencia y te diferencie de la competencia.

Capítulo 5: **Herramientas y Recursos para el Éxito en Línea** (p. 66)

"De la Idea a la Abundancia" De Lea Monera

- Una guía sobre las herramientas digitales esenciales que facilitarán tu camino hacia la prosperidad

Capítulo 6: **Marketing Digital: Cómo Hacer que Te Encuentren** (p. 83)

- Estrategias de marketing digital efectivas para atraer tráfico y convertir visitantes en clientes.

Capítulo 7: **Superando Obstáculos: La Mentalidad del Emprendedor** (p.96)

- Cómo enfrentar y superar los desafíos que surgen en el camino hacia el éxito en línea.

Capítulo 8: **Generando Ingresos Pasivos: Trabaja una Vez, Gana Siempre** (p. 107)

- Métodos para crear fuentes de ingresos pasivos que te permitan ganar dinero mientras duermes.

Capítulo 9: **Escalando tu Negocio: De la Idea a la Abundancia** (p. 122)

- Estrategias para hacer crecer tu negocio en línea y maximizar tus ingresos.

Capítulo 10: **Viviendo la Vida que Sueñas: La Libertad Financiera al Alcance**(p. 133)

Epílogo: Reflexiones finales sobre cómo alcanzar la libertad financiera y disfrutar de una vida plena y significativa. (p.144)

Capítulo 1

La Era Digital: Oportunidades a tu Alcance

En la actualidad, vivimos en un mundo donde la tecnología ha transformado radicalmente la manera en que trabajamos y generamos ingresos. La era digital ha abierto un abanico de posibilidades que antes parecían inalcanzables. Ganar dinero en línea no solo es una opción viable, sino que se ha convertido en una alternativa popular y conveniente para muchas personas que buscan mejorar su situación financiera. Este capítulo te introducirá a las diversas oportunidades disponibles en el entorno digital y cómo estas han cambiado el panorama laboral.

El Cambio de Paradigma Laboral

Tradicionalmente, el trabajo se asociaba con un horario fijo, un lugar físico y una relación de empleo convencional. Sin embargo, el avance de la tecnología ha permitido que cada vez más personas opten por alternativas que les ofrecen mayor flexibilidad y libertad. Hoy en día, ya no es necesario estar atado a un escritorio de oficina para tener éxito. Las plataformas digitales han democratizado el acceso a oportunidades de negocio, permitiendo que cualquier persona con una conexión a Internet pueda emprender.

Este cambio de paradigma ha sido impulsado por varios factores, entre ellos la globalización, el auge de las redes sociales y la creciente aceptación del trabajo remoto.

Las empresas están cada vez más abiertas a contratar freelancers y colaboradores independientes, lo que significa que hay un mercado en expansión para aquellos que desean ofrecer sus habilidades y servicios en línea.

Oportunidades Diversificadas

El entorno digital ofrece una variedad de caminos para generar ingresos. Algunas de las opciones más populares incluyen:

- **E-commerce**: La venta de productos físicos o digitales a través de plataformas como Amazon, Etsy o tu propia tienda en línea. Esta opción permite a los emprendedores crear su propio negocio desde cero, eligiendo qué vender y cómo comercializarlo.

- **Marketing de Afiliados**: Promocionar productos o servicios de otras empresas a cambio de una comisión por cada venta realizada a través de tu enlace. Esta estrategia es ideal para aquellos que tienen habilidades en marketing y desean monetizar su audiencia.
- **Creación de Contenido**: Desde blogs y canales de YouTube hasta podcasts, la creación de contenido permite a las personas compartir sus pasiones y conocimientos, generando ingresos a través de publicidad, patrocinios y donaciones.
- **Freelancing**: Ofrecer servicios específicos como diseño gráfico, redacción, programación o consultoría en plataformas como Upwork o Fiverr. Esta opción es perfecta para quienes buscan flexibilidad y un ingreso adicional.
- **Cursos en Línea** Si tienes experiencia en un área particular, puedes crear y vender cursos en plataformas como Udemy o Teachable. Esta es una excelente manera de compartir tus conocimientos y generar ingresos pasivos.

Cada una de estas oportunidades tiene su propio conjunto de desafíos y beneficios. La clave es identificar cuál se alinea mejor con tus habilidades, intereses y objetivos financieros.

El Potencial de la Libertad Financiera

La posibilidad de ganar dinero en línea no solo se trata de generar ingresos adicionales; se trata de construir una vida que te permita disfrutar de la libertad financiera. Imagina poder trabajar desde cualquier lugar del mundo, gestionar tu propio horario y dedicar tiempo a lo que realmente te apasiona. Esta visión es alcanzable, y muchas personas ya están viviendo esa realidad.

Sin embargo, es importante tener en cuenta que, aunque las oportunidades son abundantes, también hay desafíos que enfrentar. La competencia es feroz y el éxito no llega de la noche a la mañana. Es fundamental estar dispuesto a aprender, experimentar y adaptarse a un entorno en constante cambio. La perseverancia y la mentalidad de crecimiento son esenciales para triunfar en el mundo digital.

"De la Idea a la Abundancia" De Lea Monera

¿Cuáles son los mejores sitios web para ganar dinero en línea sin invertir mucho tiempo?

Para ganar dinero en línea sin invertir mucho tiempo, hay varias plataformas y métodos que pueden ser efectivos. Aquí te presento algunos de los mejores sitios web que ofrecen oportunidades accesibles y que requieren un compromiso de tiempo relativamente bajo:

1. **Honeygain:** Esta plataforma permite a los usuarios ganar dinero compartiendo su conexión a internet. Simplemente instalas la aplicación y, mientras está en funcionamiento, puedes acumular ingresos sin necesidad de realizar tareas activas. Es ideal para quienes buscan una forma pasiva de generar dinero.
2. **Swagbucks:** Esta es una de las plataformas más populares para ganar dinero realizando diversas actividades en línea, como completar encuestas, ver videos, y hacer compras. La acumulación de puntos (Swagbucks) se traduce en dinero en efectivo o tarjetas de regalo, y el tiempo requerido para cada actividad es mínimo.
3. **Fiverr:** Si tienes habilidades específicas, como diseño gráfico, redacción o programación, Fiverr te permite

ofrecer tus servicios de manera freelance. Puedes establecer tus propios precios y trabajar en proyectos que se adapten a tu disponibilidad, lo que te permite ganar dinero de manera flexible.

4. **Upwork:** Similar a Fiverr, Upwork es una plataforma de freelancing donde puedes encontrar trabajos en diversas áreas, desde redacción hasta desarrollo web. Puedes postularte a proyectos que te interesen y gestionar tu tiempo según tu conveniencia.

5. **Tutor.com:** Si tienes conocimientos en áreas académicas, puedes convertirte en tutor en línea. Tutor.com y plataformas similares te permiten enseñar a estudiantes en diversas materias, y puedes elegir tus horas de trabajo, lo que facilita la gestión de tu tiempo.

6. **Amazon Mechanical Turk:** Este es un mercado de micro trabajos donde puedes realizar tareas simples, como clasificar imágenes o transcribir audio. Las tareas son breves y puedes completarlas en tu tiempo libre, lo que hace que sea una opción conveniente para ganar dinero extra.

7. **Survey Junkie:** Participar en encuestas es una forma sencilla de ganar dinero. Survey Junkie te paga por compartir tu opinión sobre productos y servicios.

Aunque no te harás rico, es una manera fácil de obtener ingresos adicionales sin un gran compromiso de tiempo.

8. **Redbubble:** Si te gusta el diseño, puedes crear y vender productos personalizados, como camisetas y tazas, a través de Redbubble. Solo necesitas subir tus diseños, y la plataforma se encarga de la producción y el envío, permitiéndote ganar dinero sin mucho esfuerzo.
9. **Etsy:** Si eres creativo y disfrutas hacer artesanías, Etsy es una excelente plataforma para vender tus productos. Puedes abrir una tienda en línea y vender artículos hechos a mano, vintage o materiales para manualidades, gestionando tu tiempo según tu disponibilidad.
10. **Google AdSense:** Si tienes un blog o un sitio web, puedes monetizarlo a través de Google AdSense. Al colocar anuncios en tu página, ganarás dinero cada vez que un visitante haga clic en ellos. Es una opción que puede generar ingresos pasivos una vez que tu sitio esté establecido.

Estas plataformas ofrecen una variedad de opciones para ganar dinero en línea sin requerir una inversión significativa de tiempo. La clave es identificar cuál se adapta mejor a tus habilidades e intereses, y estar dispuesto a explorar diferentes métodos hasta encontrar el que mejor funcione para ti.

¿Cuáles son las mejores plataformas para ganar dinero como tutor en línea?

Para ganar dinero como tutor en línea, hay varias plataformas confiables que ofrecen oportunidades para enseñar y compartir tus conocimientos. Aquí te presento algunas de las mejores opciones disponibles:

1. **Tutor.com:** Esta plataforma es ideal para quienes buscan tutorías en diversas materias académicas. Tutor.com conecta a estudiantes con tutores en tiempo real, y puedes elegir tus horarios de trabajo. Se requiere un proceso de selección, pero es una excelente opción para quienes tienen experiencia en enseñanza.
2. **Chegg Tutors:** Chegg ofrece una plataforma donde puedes enseñar a estudiantes de diferentes niveles educativos. Puedes trabajar en horarios flexibles y recibir pagos semanales. Además, Chegg proporciona recursos para ayudarte a mejorar tus habilidades como tutor.
3. **Wyzant:** Esta plataforma permite a los tutores crear un perfil y ofrecer sus servicios en diferentes materias.

Puedes establecer tus propias tarifas y horarios, lo que te brinda flexibilidad. Wyzant también permite a los estudiantes dejar reseñas, lo que puede ayudarte a construir tu reputación.

4. **Preply:** Preply es una plataforma que conecta a estudiantes con tutores de idiomas y otras materias. Puedes establecer tus propias tarifas y horarios, y la plataforma ofrece herramientas para facilitar las lecciones en línea. Es ideal para quienes desean enseñar idiomas o habilidades específicas.
5. **VIPKid:** Si tienes experiencia enseñando inglés, VIPKid es una excelente opción. Esta plataforma se enfoca en la enseñanza de inglés a estudiantes en China. Los tutores pueden trabajar desde casa y establecer sus propios horarios, lo que permite una gran flexibilidad.
6. Udemy: Aunque no es una plataforma de tutoría en tiempo real, Udemy te permite crear y vender cursos en línea sobre cualquier tema que domines. Puedes grabar tus lecciones y venderlas a estudiantes de todo el mundo, generando ingresos pasivos a largo plazo.
7. **Skillshare:** Similar a Udemy, Skillshare permite a los instructores crear cursos en línea. Puedes compartir tus habilidades y conocimientos en un formato de video y

recibir pagos basados en la cantidad de estudiantes que se inscriban en tus clases.

8. **Khan Academy:** Aunque no paga a los tutores, Khan Academy es una plataforma educativa gratuita donde puedes contribuir como tutor. Esto puede ser una excelente manera de ganar experiencia y construir tu reputación en el campo de la educación.
9. **Cambly:** Esta plataforma permite a los tutores enseñar inglés a estudiantes de todo el mundo a través de video llamadas. No se requiere experiencia previa, y puedes trabajar en horarios flexibles, lo que la hace ideal para quienes buscan una opción de tutoría sencilla.
10. **Brainfuse:** Brainfuse ofrece servicios de tutoría en línea a estudiantes de diferentes niveles educativos. Puedes trabajar como tutor en diversas materias y elegir tus horarios, lo que te permite adaptar el trabajo a tu estilo de vida.

Estas plataformas ofrecen diversas oportunidades para ganar dinero como tutor en línea, permitiéndote compartir tus conocimientos y habilidades mientras disfrutas de la flexibilidad de trabajar desde casa. Al elegir la plataforma adecuada, considera tus áreas de especialización, la flexibilidad de horarios y el tipo de estudiantes que deseas enseñar.

¿Qué plataformas pagan mejor a los tutores?

Para tutores en línea que buscan maximizar sus ingresos, hay varias plataformas que ofrecen mejores tarifas y oportunidades. Aquí te presento algunas de las plataformas más recomendadas que suelen pagar mejor a los tutores:

1. **VIPKid:** Esta plataforma es conocida por ofrecer tarifas competitivas para enseñar inglés a estudiantes en China. Los tutores pueden ganar entre 15€ y 25€ por hora, lo que la convierte en una opción atractiva para quienes tienen experiencia en enseñanza.
2. **Wyzant:** En Wyzant, los tutores pueden establecer sus propias tarifas, que varían según la materia y la experiencia. Algunos tutores exitosos pueden ganar más de $50 por hora, especialmente en áreas especializadas como matemáticas avanzadas o ciencias.
3. **Chegg Tutors:** Chegg ofrece a los tutores la oportunidad de ganar entre 20€ y 30€ por hora. Además, la plataforma permite a los tutores trabajar en horarios flexibles y recibir pagos semanales, lo que es conveniente para muchos.

4. **Preply:** Esta plataforma permite a los tutores de idiomas establecer sus propias tarifas. Algunos tutores exitosos pueden ganar entre 15€ y 30€ por hora, dependiendo de su experiencia y la demanda de sus servicios.
5. **Tutor.com:** Aunque las tarifas pueden variar, los tutores en Tutor.com pueden ganar entre 15€ y 30€ por hora. La plataforma ofrece una variedad de materias y la posibilidad de trabajar en horarios flexibles.
6. **Udemy:** Aunque no es una plataforma de tutoría en tiempo real, los instructores pueden establecer el precio de sus cursos y recibir una parte de las ganancias. Los cursos populares pueden generar ingresos significativos a largo plazo.
7. **Skillshare:** Similar a Udemy, los instructores pueden ganar dinero a través de sus cursos en esta plataforma. Aunque la compensación varía, los instructores exitosos pueden obtener ingresos considerables si sus cursos son bien recibidos.
8. **K12:** Esta plataforma se enfoca en la educación K-12 y ofrece oportunidades para tutores en diversas materias. Los tutores pueden ganar tarifas competitivas,

especialmente si tienen experiencia en educación formal.

9. **Cambly:** Aunque las tarifas son más bajas en comparación con otras plataformas (alrededor de $10 por hora), Cambly permite a los tutores trabajar en horarios muy flexibles y sin necesidad de experiencia previa.
10. **Brainfuse:** Esta plataforma ofrece servicios de tutoría en línea y permite a los tutores establecer tarifas competitivas. Los tutores pueden ganar entre 15€ y 25€ por hora, dependiendo de la materia y la experiencia.

Estas plataformas ofrecen oportunidades variadas y competitivas para tutores en línea, permitiendo a los educadores maximizar sus ingresos según sus habilidades y disponibilidad. Al elegir una plataforma, es importante considerar no solo la tarifa, sino también la flexibilidad y el tipo de estudiantes que deseas enseñar.

Capítulo 2

Descubriendo Tu Pasión: El Primer Paso hacia la Abundancia

Bienvenido al capítulo 2 de tu guía definitiva para prosperar en línea. En el capítulo anterior, exploramos cómo la era digital ha abierto un mundo de posibilidades para generar ingresos. Ahora, es momento de centrarnos en ti y en cómo identificar tus intereses y habilidades para encontrar la idea adecuada para tu negocio en línea.

Imagina por un momento que pudieras ganar dinero haciendo algo que realmente te apasiona. ¿No sería maravilloso poder combinar tus talentos con una oportunidad lucrativa? Pues bien, ¡esa realidad está más cerca de lo que crees! En este capítulo, te guiaré a través del proceso de descubrir tus pasiones y convertirlas en un negocio próspero.

Conociéndote a Ti Mismo

El primer paso para encontrar tu idea de negocio en línea es conocerte a ti mismo. Tómate un tiempo para reflexionar sobre tus intereses, habilidades y experiencias. Haz una lista de las cosas que te fascinan, de aquellas en las que destacas y de las que has aprendido a lo largo de tu vida. Estas serán las piezas clave para construir tu negocio.

Algunas preguntas que pueden ayudarte en este proceso de autoconocimiento son:

- ¿Qué temas o actividades te apasionan y te mantienen interesado durante horas?
- ¿Qué habilidades has desarrollado a lo largo de tu vida que podrías compartir con otros?
- ¿Qué problemas has resuelto o qué necesidades has satisfecho en tu trabajo o en tu vida personal?
- ¿Qué experiencias únicas has vivido que te han dado una perspectiva diferente sobre un tema en particular?

Ser honesto contigo mismo en este proceso es fundamental. No te enfoques en lo que crees que deberías hacer, sino en lo que realmente te apasiona. Cuando encuentres esa chispa que te emociona, estarás en el camino correcto.

Identificando Oportunidades en el Mercado

Una vez que hayas identificado tus intereses y habilidades, es hora de explorar el mercado en busca de oportunidades. Pregúntate: ¿Hay una necesidad o demanda para lo que tengo para ofrecer? ¿Hay un nicho específico que pueda satisfacer?

Investiga sobre las tendencias actuales en tu área de interés. ¿Qué productos o servicios están teniendo éxito? ¿Qué problemas están resolviendo? Esto te dará una idea de las oportunidades disponibles y cómo posicionarte de manera única.

Además, analiza a tu competencia. ¿Qué están haciendo bien? ¿Dónde hay espacio para que tú te destaqueses? Recuerda que no tienes que reinventar la rueda, sino encontrar tu propio ángulo y hacerlo mejor.

Validando tu Idea

Antes de lanzarte de lleno a tu negocio en línea, es importante validar tu idea. Prueba tu concepto con un grupo pequeño de personas de tu público objetivo. Pregúntales si les interesaría tu producto o servicio y cuánto estarían dispuestos a pagar por él.

Puedes utilizar encuestas, grupos focales o incluso lanzar un mínimo producto viable (MVP) para obtener retroalimentación. Esta información será invaluable para refinar tu idea y asegurarte de que estás en el camino correcto.

Construyendo tu Plan de Acción

Una vez que hayas validado tu idea y estés listo para avanzar, es momento de crear un plan de acción. Establece metas claras y pasos específicos para convertir tu pasión en un negocio rentable. Considera aspectos como:

- Cómo vas a crear y entregar tu producto o servicio
- Cómo vas a atraer y retener clientes
- Cómo vas a generar ingresos y manejar tus finanzas
- Cómo vas a escalar y hacer crecer tu negocio a largo plazo

Recuerda que este plan no tiene que ser perfecto desde el principio. Puede evolucionar a medida que avances y aprendas. Lo importante es tener una hoja de ruta clara que te guíe en tu camino hacia la abundancia.

¿Qué técnicas puedo usar para identificar mis pasiones y habilidades?

Aquí te presento algunas técnicas efectivas para identificar tus pasiones y habilidades:

Reflexión y Autoconocimiento

- Haz una lista de las actividades que te apasionan y te absorben por completo. ¿En qué cosas pierdes la noción del tiempo?
- Piensa en momentos en los que hayas destacado o resuelto problemas de manera natural. ¿Qué habilidades utilizaste?
- Considera tus experiencias únicas y cómo te han dado una perspectiva diferente sobre ciertos temas.
- Pregúntate qué temas podrías discutir durante horas sin aburrirte.**Pruebas de Personalidad y Aptitud**
- Busca en línea cuestionarios que evalúen tus habilidades blandas como la comunicación, el liderazgo y la resolución de problemas.

- Considera hacer un test de inteligencia emocional para entender mejor cómo procesas y gestionas tus emociones.

Pedir Opiniones

- Pide a familiares y amigos cercanos que te den su opinión sobre tus fortalezas y pasiones. Pueden ver cosas que tú no.
- Consulta con mentores o colegas de confianza sobre en qué áreas creen que destacas y podrías tener éxito.
- Busca retroalimentación de profesores o supervisores sobre tus habilidades y áreas de mejora.

Explorar Intereses

- Prueba actividades nuevas fuera de tu zona de confort para descubrir intereses ocultos.
- Lee sobre temas que te interesan para ver si profundizas en ellos.
- Busca oportunidades para aplicar tus habilidades en contextos diferentes.

Analizar Experiencias Pasadas

- Reflexiona sobre tus logros y momentos de orgullo. ¿Qué habilidades utilizaste?
- Piensa en trabajos o proyectos que hayas disfrutado. ¿Qué aspectos te gustaron?
- Considera cómo has resuelto problemas en el pasado. ¿Qué estrategias funcionaron?

Recuerda que identificar tus pasiones y habilidades es un proceso continuo. Mantén una mentalidad abierta, experimenta y no tengas miedo de probar cosas nuevas. Con el tiempo y la reflexión, podrás descubrir un camino que combine tus talentos con tu pasión.

¿Cómo puedo identificar mis fortalezas a través de las experiencias pasadas?

Para identificar tus fortalezas a través de experiencias pasadas, puedes emplear varias técnicas que te ayudarán a reflexionar sobre tus habilidades y logros. Aquí te presento un enfoque estructurado basado en los resultados de búsqueda:

"De la Idea a la Abundancia" De Lea Monera

1. Reflexiona sobre tus Logros

Comienza haciendo una lista de tus logros más significativos, tanto personales como profesionales. Pregúntate:

- ¿Cuáles son los momentos de los que te sientes más orgulloso?
- ¿Qué habilidades utilizaste para alcanzar esos logros?
- ¿Qué obstáculos superaste y cómo lo hiciste?

Esta reflexión te permitirá identificar patrones en tus habilidades y fortalezas.

2. Análisis FODA Personal

Realiza un análisis FODA (Fortalezas, Oportunidades, Debilidades y Amenazas) para evaluar tus capacidades:

- Fortalezas: Enumera tus habilidades y talentos. Pregúntate qué haces mejor que otros y qué te distingue.
- Oportunidades: Identifica áreas en las que puedes aplicar tus fortalezas en el futuro.
- Debilidades: Reconoce las áreas que necesitas mejorar.
- Amenazas: Considera factores externos que podrían dificultar tu progreso.

Este análisis te proporcionará una visión clara de tus fortalezas en relación con tu entorno y objetivos.

3. Pide Retroalimentación

Solicita opiniones a amigos, familiares o colegas sobre tus habilidades. Pregunta:

- ¿En qué creen que destacas?
- ¿Qué habilidades consideran que utilizas con mayor eficacia?

La retroalimentación externa puede ofrecerte una perspectiva valiosa y ayudarte a identificar fortalezas que quizás no reconozcas en ti mismo.

4. Evalúa tus Intereses y Pasiones

Reflexiona sobre las actividades que disfrutas y en las que te sientes más comprometido. Considera:

- ¿Qué actividades te hacen perder la noción del tiempo?
- ¿Qué temas o tareas te emocionan?

Tus intereses a menudo están alineados con tus fortalezas, por lo que identificar lo que te apasiona puede ayudarte a descubrir en qué eres bueno.

5. Prueba Nuevas Actividades

Pon a prueba tus habilidades en diferentes contextos. Participa en actividades o proyectos que te desafíen. Observa:

- ¿Qué tareas disfrutas más?
- ¿Dónde te sientes más competente?

Esta exploración te permitirá descubrir fortalezas ocultas y áreas en las que puedes sobresalir.

6. Mantén un Diario de Reflexión

Lleva un diario donde registres tus experiencias, logros y aprendizajes. Reflexiona sobre:

- Las habilidades que utilizaste en situaciones específicas.
- Cómo te sentiste al enfrentar desafíos.

Este hábito te ayudará a identificar patrones en tus fortalezas a lo largo del tiempo.

7. Realiza Evaluaciones de Habilidades

Considera realizar pruebas de habilidades o personalidad que te ayuden a identificar tus fortalezas. Herramientas como el Clifton Strengths o el MBTI pueden ofrecerte información valiosa sobre tus capacidades y preferencias.

Identificar tus fortalezas a través de experiencias pasadas es un proceso reflexivo que requiere tiempo y autoconocimiento. Al aplicar estas técnicas, podrás obtener una comprensión más profunda de tus habilidades y cómo puedes utilizarlas para avanzar en tu vida personal y profesional. Recuerda que tus fortalezas pueden evolucionar con el tiempo, así que es recomendable revisarlas periódicamente.

Validando tu Idea

Antes de lanzarte de lleno a tu negocio en línea, es importante validar tu idea. Prueba tu concepto con un grupo pequeño de personas de tu público objetivo. Pregúntales si les interesaría tu producto o servicio y cuánto estarían dispuestos a pagar por él.

Puedes utilizar encuestas, grupos focales o incluso lanzar un mínimo producto viable (MVP) para obtener retroalimentación. Esta información será invaluable para refinar tu idea y asegurarte de que estás en el camino correcto.

Una forma efectiva de validar tu idea es ofrecer un MVP a un grupo selecto de clientes potenciales. Esto te permitirá obtener valiosos comentarios sobre la usabilidad, funcionalidad y valor percibido de tu producto o servicio.

Además, si logras ventas con tu MVP, será una señal clara de que tu idea tiene potencial.

Construyendo tu Plan de Acción

Una vez que hayas validado tu idea y estés listo para avanzar, es momento de crear un plan de acción. Establece metas claras y pasos específicos para convertir tu pasión en un negocio rentable. Considera aspectos como:

- Cómo vas a crear y entregar tu producto o servicio
- Cómo vas a atraer y retener clientes
- Cómo vas a generar ingresos y manejar tus finanzas
- Cómo vas a escalar y hacer crecer tu negocio a largo plazo

Al planificar tu negocio, es importante ser realista pero también ambicioso. Establece objetivos alcanzables a corto plazo que te mantengan motivado, pero también metas a largo plazo que te inspiren a crecer y expandir tu negocio.

Una herramienta útil para planificar tu negocio es el lienzo de modelo de negocio (Business Model Canvas). Este te ayudará a visualizar y estructurar los diferentes aspectos de tu empresa, desde la propuesta de valor hasta los socios clave y las fuentes de ingresos.

Recuerda que este plan no tiene que ser perfecto desde el principio.

Puede evolucionar a medida que avances y aprendas. Lo importante es tener una hoja de ruta clara que te guíe en tu camino hacia la abundancia.

Descubrir tu pasión y convertirla en un negocio en línea es el primer paso crucial en tu viaje hacia la libertad financiera. Al identificar tus intereses, habilidades y oportunidades en el mercado, estarás bien encaminado para crear un negocio que te apasione y que a la vez sea rentable.

Recuerda que este proceso requiere reflexión, investigación y acción. No tengas miedo de probar, aprender y ajustar tu rumbo según sea necesario. Con determinación y una mentalidad de crecimiento, puedes transformar tus sueños en realidad.

Capítulo 3

Modelos de Negocio en Línea: ¿Cuál es el tuyo?

En el emocionante mundo del emprendimiento digital, elegir el modelo de negocio adecuado es fundamental para tu éxito. Con una variedad de opciones disponibles, cada una con sus propias características y beneficios, es crucial que encuentres el camino que mejor se adapte a tus habilidades, intereses y objetivos financieros. En este capítulo, exploraremos los modelos de negocio más populares en línea, desde el comercio electrónico hasta el marketing de afiliados, y te ayudaremos a determinar cuál es el más adecuado para ti.

1. Comercio Electrónico (E-commerce)

El comercio electrónico se refiere a la compra y venta de productos o servicios a través de Internet. Este modelo ha crecido exponencialmente en la última década y ofrece múltiples oportunidades para emprendedores. Existen varias formas de comercio electrónico:

- **Venta de productos físicos:** Puedes crear tu propia tienda en línea utilizando plataformas como Shopify, WooCommerce o Etsy. Este modelo implica la gestión de inventario, envíos y atención al cliente.
- **Dropshipping:** En este modelo, no necesitas mantener inventario. En su lugar, trabajas con proveedores que envían los productos directamente a tus clientes. Esto reduce el riesgo y la inversión inicial, pero requiere una buena estrategia de marketing para atraer clientes.
- **Productos digitales:** Si tienes habilidades para crear contenido, puedes vender productos digitales como e-books, cursos en línea o software. Este modelo tiene un alto potencial de ingresos pasivos, ya que una vez que el producto está creado, puede venderse repetidamente sin costos adicionales de producción.

2. Marketing de Afiliados

El marketing de afiliados es un modelo en el que promocionas productos o servicios de otras empresas a cambio de una comisión por cada venta generada a través de tu enlace de afiliado. Este modelo es ideal para quienes tienen habilidades en marketing y desean monetizar su audiencia sin necesidad de crear su propio producto.

- Cómo funciona: Te unes a un programa de afiliados, obtienes un enlace único y lo promocionas a través de tu blog, redes sociales o canales de YouTube. Cada vez que alguien realiza una compra a través de tu enlace, recibes una comisión.
- Ventajas: No necesitas preocuparte por la gestión de inventario o el servicio al cliente. Además, puedes elegir productos que realmente te apasionen y que se alineen con tu audiencia.
- Desventajas: La competencia puede ser alta, y es esencial construir una audiencia sólida para generar ingresos significativos. También es importante ser transparente y honesto con tu audiencia sobre tu relación con los productos que promocionas.

3. Creación de Contenido

La creación de contenido se ha convertido en una de las formas más populares de generar ingresos en línea. Esto incluye blogs, canales de YouTube, podcasts y redes sociales. A través de la creación de contenido, puedes compartir tus conocimientos, experiencias y pasiones, mientras monetizas tu audiencia.

- Monetización: Existen diversas formas de monetizar tu contenido, como publicidad (Google AdSense, anuncios de YouTube), patrocinios, donaciones (Patreon) y venta de productos o servicios relacionados.
- Ventajas: La creación de contenido te permite ser creativo y expresarte. Además, puedes construir una comunidad en torno a tus intereses y pasiones.
- Desventajas: Puede llevar tiempo construir una audiencia significativa. La consistencia y la calidad del contenido son clave para mantener el interés de tus seguidores.

4. Servicios Freelance

Si tienes habilidades específicas, como diseño gráfico, redacción, programación o marketing digital, puedes ofrecer tus servicios como freelancer. Plataformas como Upwork, Fiverr y Freelancer te permiten conectarte con clientes que buscan tus habilidades.

- **Ventajas:** Tienes control sobre tus tarifas y horarios. Además, puedes trabajar en proyectos que realmente te interesen y que se alineen con tus habilidades.

- **Desventajas:** La competencia puede ser feroz, y puede llevar tiempo establecer una reputación sólida. Además, no siempre hay garantías de ingresos constantes.

5. Cursos en Línea y Tutoría

Si tienes experiencia en un área específica, puedes crear y vender cursos en línea o ofrecer servicios de tutoría. Plataformas como Udemy, Teachable y Coursera te permiten compartir tus conocimientos con una audiencia global.

- **Ventajas:** Puedes generar ingresos pasivos a largo plazo, ya que los cursos pueden venderse repetidamente. Además, tienes la satisfacción de ayudar a otros a aprender y crecer.
- **Desventajas:** Crear un curso de calidad puede requerir una inversión significativa de tiempo y esfuerzo. También necesitarás promocionar tu curso para atraer estudiantes.

6. Consultoría

Si tienes experiencia en un campo específico, puedes ofrecer servicios de consultoría a empresas o individuos. Esto puede incluir asesoramiento en áreas como marketing, finanzas, recursos humanos o desarrollo personal.

- Ventajas: Las tarifas de consultoría pueden ser bastante altas, y puedes trabajar con clientes que valoran tu experiencia. Además, tienes la flexibilidad de elegir tus proyectos.
- Desventajas: Puede ser necesario establecer una reputación sólida y construir una red de contactos para atraer clientes. También puede ser un desafío gestionar múltiples clientes al mismo tiempo.

Elegir el Modelo de Negocio Adecuado

Ahora que hemos explorado varios modelos de negocio en línea, es importante que reflexiones sobre cuál se adapta mejor a tus habilidades, intereses y objetivos. Aquí hay algunos pasos que puedes seguir para tomar una decisión informada:

1. Autoevaluación: Revisa tus habilidades, intereses y experiencias previas. ¿Qué modelo de negocio se alinea mejor con lo que ya sabes hacer y lo que te apasiona?
2. Investigación de Mercado: Investiga las tendencias actuales en el mercado y la demanda de productos o servicios en tu área de interés. ¿Hay un nicho específico que puedas aprovechar?

3. Prueba y Error: No tengas miedo de experimentar. Puedes comenzar con un modelo de negocio y, si no funciona, ajustar tu enfoque o probar otro modelo. La flexibilidad es clave en el emprendimiento en línea.
4. Establecer Metas: Define tus objetivos a corto y largo plazo. ¿Qué esperas lograr con tu negocio en línea? Esto te ayudará a mantenerte enfocado y motivado.

En Conclusión

Elegir el modelo de negocio adecuado es un paso crucial en tu viaje hacia la abundancia. Cada modelo tiene sus propias ventajas y desafíos, y lo que funciona para una persona puede no ser la mejor opción para otra. Al considerar tus habilidades, intereses y el mercado, estarás mejor preparado para tomar una decisión informada.

En el próximo capítulo, profundizaremos en cómo construir tu marca personal y establecerte como un líder en tu nicho. Prepárate para aprender estrategias efectivas que te ayudarán a destacar en el competitivo mundo digital. ¡Tu camino hacia la abundancia está a punto de volverse aún más emocionante!

¿Cuáles son los modelos de negocio más rentables en línea actualmente?

Según los resultados de mi búsqueda, algunos de los modelos de negocio más rentables en línea actualmente son:

E-commerce y Dropshipping

- Venta de productos físicos a través de tu propia tienda en línea o marketplaces como Amazon y Etsy
- Dropshipping, donde no necesitas mantener inventario y los proveedores envían los productos directamente a los clientes

Marketing de Afiliados

- Promocionar productos o servicios de otras empresas a cambio de una comisión por cada venta generada a través de tu enlace de afiliado**Creación de Contenido**
- **Blogs, canales de YouTube, podcasts y redes sociales:** Dónde monetizas tu audiencia a través de publicidad, patrocinios y venta de productos relacionados
- **Infoproductos:** Crear y vender cursos en línea, e-books, software y otros productos digitales que pueden generar ingresos pasivos

- **Servicios Freelance:** Ofrecer servicios como diseño gráfico, redacción, programación o consultoría en plataformas como Upwork y Fiverr

Consultoría

- Brindar asesoramiento a empresas o individuos en áreas como marketing, finanzas, RRHH o desarrollo personal

Otros modelos mencionados incluyen comprar y vender páginas web o nombres de dominio, invertir en bolsa, futuros, opciones y criptomonedas. Sin embargo, estos últimos conllevan más riesgo.

En general, los modelos más rentables son aquellos que resuelven problemas reales, son escalables, no dependen excesivamente de la publicidad y combinan varios ingresos. Elegir el adecuado dependerá de tus habilidades, intereses y objetivos.

¿Qué requisitos debe cumplir una tienda online para ser rentable?

Para que una tienda online sea rentable, debe cumplir con una serie de requisitos que abarcan tanto aspectos legales como técnicos, operativos y de marketing. A continuación, se detallan los elementos clave que deben considerarse:

"De la Idea a la Abundancia" De Lea Monera

1. Requisitos Legales

Cumplir con la legislación vigente es fundamental para operar una tienda online. Esto incluye:

- **Registro y Alta Fiscal:** Darse de alta en Hacienda y registrarse como autónomo o crear una sociedad. Esto implica cumplir con las obligaciones fiscales y tributarias correspondientes, como el Impuesto sobre el Valor Añadido (IVA) y el Impuesto de Actividades Económicas (IAE) .
- **Protección de Datos:** Adaptarse al Reglamento General de Protección de Datos (RGPD) para garantizar la privacidad de la información de los clientes. Esto incluye tener políticas claras sobre el manejo de datos personales y obtener el consentimiento adecuado .
- **Ley de Servicios de la Sociedad de la Información (LSSI)**: Esta ley exige que la tienda online proporcione información clara sobre la empresa, como el nombre, dirección, NIF y condiciones de uso. También es necesario incluir un aviso legal y una política de cookies .
- **Derechos del Consumidor:** Cumplir con la legislación que protege los derechos de los consumidores, lo que incluye ofrecer información clara sobre precios,

gastos de envío, y tener un proceso de devolución y desistimiento accesible .

2. Plataforma de E-commerce

Elegir una plataforma adecuada es crucial para el éxito de la tienda. Las opciones más populares incluyen Shopify, WooCommerce y Magento. La plataforma debe ser fácil de usar, segura y permitir la integración de métodos de pago diversos.

3. Diseño y Usabilidad

El diseño de la tienda online debe ser atractivo y funcional. Esto incluye:

- **Navegación Intuitiva:** Facilitar la búsqueda de productos y la navegación por categorías.
- **Optimización Móvil:** Asegurarse de que la tienda sea responsive y funcione bien en dispositivos móviles, ya que una gran parte de las compras se realiza a través de estos dispositivos.
- **Carga Rápida:** La velocidad de carga de la página es crucial para la experiencia del usuario y afecta el posicionamiento en motores de búsqueda.

4. Estrategia de Marketing

Para atraer clientes y generar ventas, es esencial implementar una estrategia de marketing efectiva:

- **SEO (Optimización para Motores de Búsqueda):** Optimizar el contenido y la estructura de la tienda para mejorar su visibilidad en los resultados de búsqueda.
- Publicidad en Redes Sociales: Utilizar plataformas como Facebook e Instagram para promocionar productos y llegar a un público más amplio.
- Email Marketing: Crear campañas de email para mantener a los clientes informados sobre ofertas, nuevos productos y contenido relevante.

5. Gestión de Inventario y Logística

Una buena gestión del inventario es vital para evitar problemas de stock y asegurar que los productos estén disponibles para los clientes. Esto incluye:

- Sistemas de Gestión de Inventario: Implementar herramientas que te ayuden a rastrear el stock y gestionar los pedidos.
- Logística y Envío: Establecer acuerdos con empresas de logística para asegurar un envío rápido y eficiente.

Ofrecer opciones de envío gratuito o acelerado puede ser un atractivo para los clientes.

6. Atención al Cliente

Ofrecer un excelente servicio al cliente es fundamental para construir una buena reputación y fomentar la lealtad. Esto incluye:

- Canales de Comunicación: Proporcionar múltiples formas de contacto, como chat en vivo, correo electrónico y teléfono.
- Políticas Claras de Devolución: Tener un proceso de devolución sencillo y transparente para aumentar la confianza del cliente.

7. Análisis y Mejora Continua

Finalmente, es importante analizar el rendimiento de la tienda y realizar mejoras continuas. Esto incluye:

- Herramientas de Análisis: Utilizar herramientas como Google Analytics para rastrear el comportamiento de los usuarios y las métricas de ventas.
- Feedback de Clientes: Recoger opiniones y sugerencias de los clientes para identificar áreas de mejora.

En Conclusión

Cumplir con estos requisitos es esencial para que una tienda online sea rentable. Desde la legalidad hasta la atención al cliente, cada aspecto juega un papel crucial en el éxito del negocio. Al establecer una base sólida y estar dispuesto a adaptarse y mejorar, podrás maximizar tus oportunidades de éxito en el competitivo mundo del comercio electrónico.

¿Cuáles son los errores más comunes al abrir una tienda online?

Algunos de los errores más comunes al abrir una tienda online son:

1. No conocer bien al cliente objetivo

Es fundamental investigar y construir perfiles de clientes ideales (buyer personas) para saber a quién se dirige el negocio y cuáles son sus necesidades. Muchas pymes no elaboran bien estos perfiles.

2. No cumplir con los requisitos legales

Hay varios requisitos legales que se deben cumplir, como:

- Darse de alta en Hacienda y la Seguridad Social
- Adaptarse al RGPD para proteger datos personales
- Cumplir con la Ley de Servicios de la Sociedad de la Información (LSSI)
- Respetar los derechos del consumidor

No tenerlos en regla puede acarrear multas y problemas.

3. Elegir una mala plataforma de e-commerce

Una mala elección puede complicar mucho la gestión de la tienda.

4. Descuidar el diseño y la usabilidad

La tienda debe tener un diseño atractivo y funcional, con navegación intuitiva, optimización móvil y carga rápida. Una mala experiencia de usuario ahuyenta clientes.

5. Olvidarse del cliente tras la venta

Muchos vendedores piensan que su trabajo acaba cuando se cierra la venta. Pero hay que mantener la relación con el cliente, ofreciendo encuestas, llamadas y un buen servicio posventa para fomentar la lealtad.

En resumen, los principales errores son no conocer al cliente, incumplir la ley, elegir mal la plataforma, descuidar el diseño y olvidarse del cliente después de la venta. Evitarlos es clave para el éxito de una tienda online.

¿Qué estrategias de seguimiento postventa son efectivas para una tienda online?

Para asegurar una buena experiencia postventa y fomentar la lealtad del cliente, es esencial implementar estrategias de seguimiento efectivas. Aquí te presento algunas de las más efectivas:

"De la Idea a la Abundancia" De Lea Monera

1. Email de Agradecimiento

Enviar un correo electrónico de agradecimiento después de la compra es una forma sencilla pero poderosa de mostrar aprecio. Este correo puede incluir:

- Un mensaje personalizado agradeciendo al cliente por su compra.
- Información sobre el pedido, como detalles de envío y un enlace para rastrear el paquete.
- Un recordatorio de que estás disponible para cualquier pregunta o inquietud.

2. Encuestas de Satisfacción

Después de que el cliente haya recibido su pedido, envía una encuesta breve para evaluar su satisfacción. Preguntas como:

- ¿Cómo calificarías tu experiencia de compra?
- ¿El producto cumplió con tus expectativas?
- ¿Qué mejorarías en nuestra tienda?

Esto no solo muestra que valoras la opinión del cliente, sino que también te proporciona información valiosa para mejorar tu negocio.

3. Ofertas Exclusivas y Descuentos

Aprovecha la oportunidad de ofrecer a tus clientes descuentos exclusivos en futuras compras. Esto puede incluir:

- Un código de descuento para su próxima compra.
- Ofertas especiales en productos relacionados.
- Acceso anticipado a nuevas colecciones o productos.

4. Contenido de Valor

Proporcionar contenido útil relacionado con el producto que compraron puede ayudar a mantener el interés del cliente. Esto puede incluir:

- Guías de uso o mantenimiento del producto.
- Consejos y trucos sobre cómo sacar el máximo provecho del producto.
- Artículos de blog o videos que complementen su compra.

5. Recordatorios de Recompra

Para productos que requieren reabastecimiento, como cosméticos o suplementos, considera enviar recordatorios de recompra. Esto puede ser un correo electrónico que sugiera volver a comprar el producto después de un cierto período de tiempo.

6. Atención al Cliente Proactiva

No esperes a que los clientes se pongan en contacto contigo con problemas. Implementa un sistema de seguimiento donde:

- Contactes a los clientes para asegurarte de que recibieron su pedido y están satisfechos.
- Ofrezcas asistencia si tienen preguntas o problemas con el producto.

7. Fidelización y Programas de Recompensas

Establecer un programa de fidelización puede motivar a los clientes a volver. Considera ofrecer:

- Puntos por cada compra que se puedan canjear por descuentos o productos gratuitos.
- Beneficios exclusivos para miembros del programa, como acceso anticipado a ventas o productos limitados.

8. Solicitar Reseñas y Testimonios

Pide a tus clientes que dejen reseñas sobre su experiencia de compra y el producto. Esto no solo ayuda a construir confianza con futuros clientes, sino que también proporciona contenido valioso para tu tienda. Puedes facilitar este proceso:

- Enviando un enlace directo a la página de reseñas.
- Ofreciendo un pequeño incentivo, como un descuento en su próxima compra.

9. Redes Sociales y Marketing Conversacional

Mantén una comunicación activa a través de las redes sociales. Responde a comentarios y mensajes directos, y comparte contenido relevante. Esto ayuda a construir una comunidad en torno a tu marca y a mantener a los clientes comprometidos.

10. Actualizaciones sobre Nuevos Productos y Ofertas

Mantén a tus clientes informados sobre nuevos lanzamientos, ofertas especiales y eventos. Esto puede hacerse a través de:

- Boletines informativos por correo electrónico.
- Publicaciones en redes sociales que destaquen novedades y promociones.

En Conclusión

Implementar estrategias de seguimiento postventa efectivas no solo mejora la experiencia del cliente, sino que también fomenta la lealtad y el boca a boca positivo. Al mostrar aprecio, ofrecer valor y mantener una comunicación abierta, puedes convertir a tus clientes en defensores de tu marca, lo que a su vez puede impulsar el crecimiento y la rentabilidad de tu tienda online.

Capítulo 4

Construyendo Tu Marca Personal: Destácate en el Mundo Digital

En un mundo cada vez más digitalizado, construir una marca personal sólida se ha convertido en un elemento clave para destacar y alcanzar el éxito en cualquier ámbito. Tu marca personal no es solo un reflejo de quién eres, sino también de cómo te perciben los demás. En este capítulo, exploraremos estrategias efectivas para desarrollar una marca personal que resuene con tu audiencia y te diferencie de la competencia.

¿Qué es una Marca Personal?

La marca personal es la forma en que te presentas al mundo. Es la combinación de tu personalidad, habilidades, valores y la percepción que los demás tienen de ti. En el entorno digital, tu marca personal se manifiesta a través de tus perfiles en redes sociales, tu sitio web, tu contenido y, en general, en cómo interactúas con tu audiencia.

La Importancia de una Marca Personal Sólida

Una marca personal bien definida puede ofrecerte múltiples beneficios:

- **Diferenciación:** En un mercado saturado, una marca personal única te ayuda a destacar y atraer la atención de tu público objetivo.
- **Credibilidad y Confianza:** Una marca personal coherente y auténtica genera confianza. Las personas son más propensas a comprar productos o servicios de alguien en quien confían.
- **Oportunidades de Networking:** Una marca personal fuerte puede abrir puertas a nuevas oportunidades, colaboraciones y conexiones valiosas en tu industria.
- **Control sobre tu Narrativa:** Construir tu marca te permite definir cómo deseas que te perciban, lo que te da control sobre tu imagen y reputación.

"De la Idea a la Abundancia" De Lea Monera

Estrategias para Construir tu Marca Personal

1. Define tu Misión y Valores

El primer paso para construir tu marca personal es tener claridad sobre quién eres y qué representas. Reflexiona sobre:

- **Tu Misión:** ¿Cuál es tu propósito? ¿Qué deseas lograr con tu marca personal?
- **Tus Valores:** ¿Qué principios guían tus decisiones y acciones? Estos valores deben ser coherentes con tu marca y reflejarse en todas tus interacciones.

Tener una misión y valores claros te ayudará a comunicarte de manera efectiva y a atraer a la audiencia que resuena con tu mensaje.

2. Conoce a tu Audiencia

Identificar y comprender a tu público objetivo es fundamental. Realiza una investigación para conocer:

- Sus Necesidades y Deseos: ¿Qué problemas enfrentan que tú puedes resolver?
- Sus Intereses y Comportamientos: ¿Qué tipo de contenido consumen? ¿En qué plataformas pasan más tiempo?

Conocer a tu audiencia te permitirá adaptar tu mensaje y contenido para que resuene con ellos.

3. Crea Contenido de Valor

El contenido es una herramienta poderosa para construir tu marca personal. Considera:

- **Blogging:** Escribe artículos que muestren tu experiencia y conocimientos en tu área. Esto no solo te posiciona como un experto, sino que también proporciona valor a tu audiencia.
- **Redes Sociales:** Utiliza plataformas como Instagram, LinkedIn o Twitter para compartir contenido relevante, interactuar con tu audiencia y construir una comunidad.
- **Videos y Podcasts:** Considera crear contenido en formato de video o audio para llegar a diferentes tipos de consumidores. Los tutoriales, entrevistas y charlas pueden ser muy efectivos.

Asegúrate de que tu contenido sea auténtico y refleje tu personalidad. Esto ayudará a construir una conexión más profunda con tu audiencia.

4. Sé Consistente

La consistencia es clave en la construcción de una marca personal. Esto incluye:

- **Estilo Visual:** Utiliza una paleta de colores, tipografía y diseño coherentes en todos tus canales. Esto ayuda a que tu marca sea fácilmente reconocible.
- **Tono de Voz:** Mantén un tono de voz coherente en tu comunicación. Ya sea formal, amigable o divertido, asegúrate de que refleje tu personalidad.
- **Frecuencia de Publicación:** Establece un calendario de contenido y cúmplelo. La regularidad mantiene a tu audiencia comprometida y al tanto de tus novedades.

5. Interactúa con tu Audiencia

Construir una marca personal no se trata solo de emitir mensajes, sino también de escuchar y responder. Considera:

- **Responder Comentarios y Mensajes:** Tómate el tiempo para interactuar con tu audiencia. Responder preguntas y comentarios muestra que valoras su opinión.
- **Solicitar Retroalimentación:** Pide a tu audiencia que comparta sus pensamientos sobre tu contenido y marca. Esto no solo te ayudará a mejorar, sino que también fortalecerá la relación.
- **Colaboraciones:** Trabaja con otros creadores o marcas que compartan tus valores. Las colaboraciones pueden

ayudarte a llegar a nuevas audiencias y fortalecer tu credibilidad.

6. Construye tu Red de Contactos

El networking es una parte esencial de la construcción de tu marca personal. Considera:

- **Asistir a Eventos:** Participa en conferencias, webinars y talleres relacionados con tu industria. Esto te permitirá conocer a otros profesionales y aprender de ellos.
- **Unirte a Grupos y Comunidades:** Participa en grupos en línea o comunidades de tu nicho. Contribuir y compartir tus conocimientos te ayudará a establecerte como un experto.
- **Conectar en Redes Sociales:** Usa plataformas como LinkedIn para conectarte con otros profesionales. No dudes en enviar mensajes personalizados para iniciar conversaciones.

7. Monitoriza y Ajusta tu Marca

Una vez que hayas establecido tu marca personal, es importante monitorizar su rendimiento y hacer ajustes según sea necesario. Considera:

- **Analizar Métricas:** Utiliza herramientas de análisis para evaluar el rendimiento de tu contenido y la interacción de tu audiencia.
- **Revisar y Adaptar:** No temas ajustar tu estrategia si algo no está funcionando. La flexibilidad es clave para el crecimiento. Construir una marca personal sólida es un proceso continuo que requiere tiempo y esfuerzo. Al definir tu misión, conocer a tu audiencia, crear contenido valioso y mantener una comunicación abierta, podrás destacar en el mundo digital y diferenciarte de la competencia. Recuerda que tu marca personal es una extensión de quién eres; sé auténtico y fiel a ti mismo en cada paso del camino.

¿Cómo puedo identificar mi propósito y misión para desarrollar mi marca personal?

Para identificar tu propósito y misión para desarrollar tu marca personal, te sugiero seguir estos pasos:

1. Reflexiona sobre tus valores

Haz una lista de tus valores más importantes. ¿Qué principios guían tus decisiones y acciones? Estos valores deben ser el núcleo de tu marca personal.

2. Identifica tus fortalezas y habilidades

Piensa en las cosas que haces mejor y que más te apasionan. ¿Qué habilidades has desarrollado a lo largo de tu vida que podrías compartir con otros? Estas serán las bases de tu marca.

3. Analiza tu experiencia y logros

Reflexiona sobre tus logros más significativos. ¿Qué problemas has resuelto o qué necesidades has satisfecho en tu trabajo o vida personal? Estas experiencias únicas te darán una perspectiva diferente.

4. Clarifica tu propósito

Pregúntate: ¿Cuál es mi propósito? ¿Qué deseo lograr con mi marca personal? Tener claridad sobre tu misión te ayudará a comunicarte de manera efectiva y atraer a la audiencia adecuada.

5. Crea una declaración de marca

Sintetiza todo lo anterior en una declaración concisa que capture la esencia de tu marca personal. Por ejemplo: "Mi propósito es empoderar a las mujeres en el mundo digital compartiendo mis conocimientos de marketing y mi experiencia como emprendedora". Usa esta declaración para guiar todas tus acciones.

6. Mantén la coherencia

Asegúrate de que tu marca personal sea consistente en todos tus canales online. Utiliza un estilo visual, tono de voz y mensaje coherentes que reflejen tu personalidad auténtica. Identificar tu propósito y misión es el primer paso crucial para construir una marca personal poderosa. Al ser claro sobre quién eres y qué representas, podrás destacar en el mundo digital y conectar con tu audiencia ideal. Mantén una mentalidad de crecimiento y no temas ajustar tu rumbo si es necesario.

¿Qué tipo de personalidad me ayuda a identificar mi misión y propósito?

Para identificar tu propósito y misión, es útil comprender cómo tu tipo de personalidad influye en tus decisiones y en la forma en que te relacionas con el mundo. Aquí hay algunas formas en las que diferentes tipos de personalidad pueden ayudarte a clarificar tu misión y propósito:

1. Autoconocimiento a través de Tests de Personalidad

Realizar un test de personalidad, como el de 16 Personalities, puede ofrecerte una visión clara de tus rasgos y preferencias.

Estos tests suelen clasificar a las personas en diferentes tipos, lo que te ayudará a entender:

- Tus fortalezas y debilidades: Conocer tus puntos fuertes te permitirá enfocarte en ellos al definir tu misión.
- Tus motivaciones: Comprender qué te impulsa puede ayudarte a identificar un propósito que esté alineado con tus deseos internos.

2. Identificación de Valores y Creencias

Tu personalidad también está influenciada por tus valores y creencias. Reflexionar sobre lo que es más importante para ti puede guiarte en la identificación de tu misión. Pregúntate:

- ¿Qué principios son innegociables para mí?
- ¿Qué me apasiona y por qué?

3. Análisis de Comportamientos y Estilos de Afrontamiento

Los estilos de personalidad pueden afectar cómo enfrentas los desafíos y cómo te relacionas con los demás. Comprender tu estilo de afrontamiento puede ayudarte a identificar situaciones en las que te sientes más realizado. Considera:

- ¿Cómo reacciono ante el estrés?

- ¿Busco apoyo social o prefiero resolver problemas de manera independiente?

4. Reflexión sobre Experiencias Pasadas

Tus experiencias pasadas, tanto positivas como negativas, pueden brindarte pistas sobre tu propósito. Pregúntate:

- ¿Cuáles han sido mis logros más significativos y qué habilidades utilicé para alcanzarlos?
- ¿Qué lecciones he aprendido de mis fracasos y cómo han moldeado mis valores?

5. Establecimiento de Metas Personales

Una vez que tengas una mejor comprensión de tu personalidad, establece metas que reflejen tu misión y propósito. Asegúrate de que estas metas sean específicas, medibles, alcanzables, relevantes y con un límite de tiempo (SMART).

6. Feedback de Personas Cercanas

A veces, las personas que nos rodean pueden ofrecer perspectivas valiosas sobre nuestras fortalezas y lo que nos hace únicos. Pregunta a amigos, familiares o colegas qué creen que eres bueno y qué valoran de ti. Esto puede ayudarte a identificar aspectos de tu personalidad que podrían guiar tu misión.

En Conclusión

Identificar tu propósito y misión es un proceso introspectivo que se beneficia de una comprensión clara de tu personalidad. Al explorar tus valores, motivaciones, experiencias y cómo te relacionas con el mundo, podrás definir una misión que no sólo resuene contigo, sino que también te impulse hacia el éxito en tu marca personal.

Capítulo 5

Herramientas y Recursos para el Éxito en Línea

En el emocionante mundo del emprendimiento digital, contar con las herramientas y recursos adecuados puede marcar la diferencia entre el éxito y el fracaso. A medida que avanzas en tu camino hacia la prosperidad, es fundamental tener a tu disposición un conjunto de herramientas que faciliten y optimicen tus procesos. En este capítulo, te guiaremos a través de una selección de las herramientas digitales esenciales que te ayudarán a alcanzar tus objetivos de manera más eficiente y efectiva.

Gestión de Contenido y Productividad
Una de las claves para destacar en el mundo digital es la creación y publicación constante de contenido de valor.

Sin embargo, mantener un flujo regular de contenido puede ser un desafío. Afortunadamente, existen herramientas que facilitan este proceso:

- **Planificadores de Contenido:** Aplicaciones como Trello, Asana o Airtable te permiten organizar tus ideas, crear calendarios editoriales y colaborar con tu equipo de manera efectiva.
- **Generadores de Contenido:** Herramientas como Jasper, Rytr o Copy.ai utilizan inteligencia artificial para generar borradores de contenido, lo que ahorra tiempo y esfuerzo.
- **Herramientas de Diseño:** Canva, Adobe Spark o Snapseed te permiten crear imágenes, gráficos y diseños atractivos para acompañar tu contenido, incluso si no tienes habilidades de diseño.
- **Gestores de Tareas:** Apps como Todoist, Remember the Milk o Microsoft To-Do te ayudan a mantener un seguimiento de tus tareas y proyectos, mejorando tu productividad.

Análisis y Seguimiento

Medir y analizar el rendimiento de tus esfuerzos en línea es fundamental para tomar decisiones informadas y optimizar tu estrategia. Estas herramientas te ayudarán a obtener valiosos insights:

- **Herramientas de Analítica Web:** Google Analytics, Matomo o Clicky te proporcionan datos detallados sobre el tráfico de tu sitio web, como el número de visitantes, las páginas más populares y el comportamiento de los usuarios.

- **Monitorización de Redes Sociales:** Hootsuite, Buffer o Sprout Social te permiten rastrear menciones, comentarios y tendencias relacionadas con tu marca en las redes sociales.

- **Herramientas de Investigación de Palabras Clave:** Ahrefs, SEMrush o Moz te ayudan a identificar palabras clave relevantes para tu nicho, analizar la competencia y mejorar tu posicionamiento en motores de búsqueda.

Automatización y Eficiencia

Para escalar tu negocio en línea de manera sostenible, es crucial optimizar tus procesos y automatizar tareas repetitivas. Estas herramientas te ayudarán a trabajar de manera más inteligente:

- **Sistemas de Automatización de Marketing:** HubSpot, Mailchimp o Drip te permiten automatizar campañas de email, segmentar tu lista de suscriptores y medir el rendimiento de tus esfuerzos de marketing.
- **Chatbots y Asistentes Virtuales:** Herramientas como Chatfuel, Dialogflow o Botkit te permiten crear chatbots para brindar asistencia al cliente, responder preguntas frecuentes y generar leads de manera automatizada.
- **Integraciones y Zapier:** Zapier te permite conectar diferentes aplicaciones y automatizar flujos de trabajo, ahorrando tiempo y esfuerzo.

Gestión de Proyectos y Colaboración

A medida que tu negocio crece, es probable que necesites trabajar con un equipo o colaboradores externos.

Estas herramientas te ayudarán a gestionar proyectos y facilitar la colaboración:

- Herramientas de Gestión de Proyectos: Trello, Asana o Jira te permiten planificar, asignar tareas y hacer un seguimiento del progreso de tus proyectos.
- Plataformas de Colaboración: Slack, Microsoft Teams o Discord facilitan la comunicación y el intercambio de archivos entre miembros del equipo, incluso si trabajan de forma remota.
- Herramientas de Videoconferencia: Zoom, Google Meet o Microsoft Teams te permiten realizar reuniones virtuales, entrevistas y webinars de manera efectiva.

Seguridad y Privacidad

En el entorno digital, la seguridad y la privacidad son aspectos cruciales que no pueden pasarse por alto. Estas herramientas te ayudarán a proteger tu negocio y tus datos:

- **Gestores de Contraseñas:** LastPass, 1Password o KeePass te permiten almacenar y gestionar de manera segura tus contraseñas y credenciales.
- **Herramientas de Cifrado:** ProtonMail, Signal o WhatsApp te permiten enviar mensajes y archivos de

manera cifrada, protegiendo la confidencialidad de tu comunicación.

- **Copias de Seguridad y Almacenamiento en la Nube:** Dropbox, Google Drive o Microsoft OneDrive te permiten hacer copias de seguridad de tus archivos y acceder a ellos desde cualquier dispositivo.

Monetización y Finanzas

Para que tu negocio en línea sea sostenible a largo plazo, es esencial contar con herramientas que faciliten la monetización y la gestión financiera. Algunas opciones incluyen:

- **Plataformas de Comercio Electrónico:** Shopify, WooCommerce o Magento te permiten crear y gestionar tu propia tienda en línea de manera sencilla.
- **Pasarelas de Pago:** PayPal, Stripe o Square te permiten aceptar pagos en línea de manera segura y eficiente.
- **Herramientas de Facturación y Contabilidad:** FreshBooks, Xero o QuickBooks te ayudan a gestionar tus facturas, gastos y registros contables de manera organizada.

¿Cuáles son las herramientas digitales más recomendadas para el éxito en línea?

Para alcanzar el éxito en línea, es fundamental contar con herramientas digitales que optimicen tus procesos y faciliten la gestión de tu negocio. A continuación, se presentan algunas de las herramientas más recomendadas que pueden ayudarte en diferentes aspectos de tu emprendimiento digital.

1. Gestión de Proyectos y Tareas

- **Trello:** Esta herramienta visual de gestión de proyectos te permite organizar tareas en tableros, listas y tarjetas. Es ideal para equipos que buscan una forma sencilla de colaborar y seguir el progreso de los proyectos.
- **Asana:** Asana ofrece un enfoque más estructurado para la gestión de tareas y proyectos, permitiendo asignar tareas, establecer fechas de entrega y seguir el progreso de manera efectiva.
- **Monday.com:** Esta plataforma es altamente personalizable y permite gestionar proyectos, tareas y flujos de trabajo, facilitando la colaboración entre equipos.

2. Comunicación y Colaboración

- **Slack:** Slack es una herramienta de mensajería instantánea que permite la comunicación en tiempo real entre equipos. Puedes crear canales para diferentes proyectos y temas, facilitando la colaboración.
- **Microsoft Teams:** Esta plataforma combina chat, videoconferencias y colaboración en documentos, lo

que la convierte en una opción completa para la comunicación empresarial.
- **Zoom:** Ideal para reuniones virtuales y webinars, Zoom permite realizar videoconferencias de alta calidad y es ampliamente utilizado en entornos de trabajo remoto.

3. Marketing Digital y Automatización

- **Mailchimp:** Esta herramienta de email marketing te permite crear campañas, segmentar tu audiencia y automatizar el envío de correos electrónicos. Es ideal para mantener a tus clientes informados y comprometidos.
- **Hootsuite:** Hootsuite es una plataforma de gestión de redes sociales que te permite programar publicaciones, monitorear menciones y analizar el rendimiento de tus campañas en diferentes redes sociales.
- **Buffer:** Similar a Hootsuite, Buffer te permite gestionar múltiples cuentas de redes sociales y programar contenido para maximizar tu alcance.

4. Análisis y Seguimiento

- **Google Analytics:** Esta herramienta es esencial para medir el rendimiento de tu sitio web. Te proporciona

datos sobre el tráfico, el comportamiento de los usuarios y las conversiones, lo que te ayuda a tomar decisiones informadas.
- **SEMrush:** SEMrush es una plataforma integral de SEO y marketing digital que te permite realizar análisis de palabras clave, auditorías de sitios web y seguimiento de la competencia.
- **Hotjar:** Hotjar te ofrece herramientas de análisis de comportamiento, como mapas de calor y grabaciones de sesiones, para entender cómo interactúan los usuarios con tu sitio web.

5. Diseño y Creación de Contenido

- **Canva:** Esta herramienta de diseño gráfico es fácil de usar y permite crear imágenes, infografías y presentaciones de manera rápida y profesional, incluso si no tienes experiencia en diseño.
- **Adobe Creative Cloud:** Para aquellos que buscan herramientas más avanzadas, Adobe ofrece una suite completa de aplicaciones de diseño, edición de video y creación de contenido multimedia.
- **WordPress:** Si deseas crear un blog o un sitio web, WordPress es una de las plataformas más populares y

versátiles. Ofrece una amplia gama de temas y plugins para personalizar tu sitio.

6. Gestión Financiera

- **QuickBooks:** Esta herramienta de contabilidad te ayuda a gestionar tus finanzas, realizar facturas y llevar un seguimiento de tus gastos e ingresos.
- **FreshBooks:** FreshBooks es otra opción popular para la contabilidad en línea, especialmente para freelancers y pequeñas empresas. Ofrece funciones de facturación y seguimiento de tiempo.
- **PayPal:** Como una de las plataformas de pago más conocidas, PayPal te permite aceptar pagos en línea de manera segura y sencilla.

7. Almacenamiento y Seguridad

- **Google Drive:** Google Drive ofrece almacenamiento en la nube y permite colaborar en documentos en tiempo real. Es ideal para compartir archivos y trabajar en equipo.
- **Dropbox:** Similar a Google Drive, Dropbox te permite almacenar y compartir archivos de manera segura,

facilitando el acceso a documentos desde cualquier dispositivo.
- **LastPass:** Esta herramienta de gestión de contraseñas te ayuda a almacenar y proteger tus contraseñas, asegurando que tu información esté segura.

¿Qué herramientas digitales son esenciales para mejorar la productividad laboral?

Para mejorar la eficiencia en el trabajo, existen diversas herramientas digitales que pueden ser muy efectivas. A continuación, se presentan algunas de las más recomendadas:

1. Zapier

Zapier es una herramienta de automatización que conecta diferentes aplicaciones y servicios. Permite crear "Zaps", que son flujos de trabajo automatizados que realizan tareas sin intervención manual. Por ejemplo, puedes configurar un Zap para que cada vez que recibas un correo electrónico con un archivo adjunto, se guarde automáticamente en tu cuenta de Google Drive.

2. IFTTT (If This Then That)

IFTTT es otra herramienta de automatización que permite crear conexiones entre aplicaciones y dispositivos. Funciona de manera similar a Zapier, permitiéndote establecer reglas simples que desencadenan acciones automáticas. Por ejemplo, puedes configurar IFTTT para que te envíe una notificación cuando se publique un nuevo artículo en un blog específico.

3. Trello con Butler

Trello es una herramienta de gestión de proyectos que permite organizar tareas en tableros. Su función Butler permite automatizar tareas dentro de Trello, como mover tarjetas entre listas o agregar etiquetas automáticamente cuando se cumplen ciertas condiciones. Esto ayuda a mantener el flujo de trabajo sin necesidad de intervención manual.

4. Google Workspace (anteriormente G Suite)

Google Workspace incluye varias herramientas que facilitan la colaboración y la automatización. Por ejemplo, puedes utilizar Google Sheets para crear scripts que automaticen tareas repetitivas, como la recopilación de datos o la generación de informes. Además, Google Forms permite automatizar la recopilación de información y respuestas.

5. HubSpot

HubSpot es una plataforma de marketing y ventas que incluye herramientas de automatización. Puedes automatizar correos electrónicos, seguimiento de clientes potenciales y tareas de marketing, lo que te permite centrarte en actividades más estratégicas. Su funcionalidad de CRM también ayuda a gestionar y automatizar interacciones con clientes.

6. Hootsuite

Hootsuite es una herramienta de gestión de redes sociales que permite programar publicaciones en varias plataformas. Puedes automatizar la publicación de contenido en horarios específicos, lo que ahorra tiempo y asegura una presencia constante en las redes sociales.

7. Calendly

Calendly es una herramienta de programación que automatiza la gestión de citas. Permite a tus clientes o colegas seleccionar un horario disponible en tu calendario sin necesidad de intercambiar correos electrónicos. Esto simplifica la programación de reuniones y ahorra tiempo.

8. Mailchimp

Mailchimp es una plataforma de email marketing que permite automatizar campañas de correos electrónicos. Puedes crear flujos de trabajo automatizados que envían correos electrónicos a segmentos específicos de tu lista de contactos en función de su comportamiento, como la apertura de correos o la compra de productos.

9. Slack con Bots

Slack es una herramienta de comunicación que permite la integración de bots para automatizar tareas. Puedes configurar bots que envían recordatorios, actualizaciones de proyectos o información relevante a los miembros del equipo, lo que mejora la comunicación y la eficiencia.

10. Microsoft Power Automate

Microsoft Power Automate (anteriormente Microsoft Flow) permite crear flujos de trabajo automatizados entre aplicaciones y servicios de Microsoft y terceros.

Puedes automatizar tareas como la sincronización de archivos, la recopilación de datos y la gestión de correos electrónicos.

En Conclusión

Contar con las herramientas digitales adecuadas es esencial para optimizar tus procesos y alcanzar el éxito en línea. Al seleccionar las herramientas que mejor se adapten a tus necesidades y flujos de trabajo, podrás mejorar tu productividad, facilitar la colaboración y tomar decisiones informadas basadas en datos.

Recuerda que la elección de herramientas es un proceso continuo. A medida que tu negocio crece y evoluciona, es posible que necesites ajustar tu conjunto de herramientas para adaptarte a nuevos desafíos y oportunidades. Con la combinación correcta de recursos digitales, estarás bien encaminado hacia la prosperidad en el mundo en línea. Automatizar tareas repetitivas es crucial para mejorar la productividad y liberar tiempo para actividades más estratégicas. Las herramientas mencionadas ofrecen diversas funcionalidades que pueden adaptarse a diferentes necesidades y flujos de trabajo. Al elegir la herramienta adecuada, podrás optimizar tus procesos y enfocarte en lo que realmente importa en tu trabajo.

Capítulo 6

Marketing Digital: Cómo Hacer que Te Encuentren

En el emocionante mundo del emprendimiento en línea, contar con una sólida estrategia de marketing digital es fundamental para atraer tráfico y convertir visitantes en clientes fieles. En un mercado cada vez más competitivo, es esencial destacar y hacer que tu marca sea visible para tu público objetivo. En este capítulo, exploraremos las estrategias de marketing digital más efectivas para potenciar tu presencia en línea y llevar tu negocio al siguiente nivel.

Optimización para Motores de Búsqueda (SEO)

La optimización para motores de búsqueda (SEO) es la práctica de mejorar el posicionamiento de tu sitio web en los resultados de búsqueda orgánicos. Al optimizar tu contenido y estructura, puedes aumentar la visibilidad de tu marca y atraer a usuarios que están buscando productos o servicios como los tuyos. Algunas técnicas clave de SEO incluyen:

- **Investigación y uso de palabras clave:** Identificar y utilizar palabras clave relevantes estructura del sitio web.
- **Creación de contenido de calidad:** En tu contenido y Generar contenido útil, informativo y optimizado para los motores de búsqueda.
- **Mejora de la velocidad de carga:** Asegurar que tu sitio web cargue rápidamente para mejorar la experiencia del usuario.
- **Construcción de enlaces entrantes**: Obtener enlaces de sitios web de alta autoridad para avalar la reputación de tu sitio.

Marketing de Contenido

El marketing de contenido implica crear y distribuir contenido valioso y relevante para atraer y retener a una audiencia definida. Al proporcionar información útil y entretenida, puedes posicionarte como una autoridad en tu nicho y generar confianza en tu marca. Algunas formas de implementar el marketing de contenido incluyen:

- **Blogging**: Publicar artículos de blog regulares que aborden las preocupaciones y necesidades de tu público objetivo.
- **Videos y podcasts:** Crear contenido en formato de video y audio para llegar a diferentes tipos de consumidores.
- **Redes sociales:** Compartir contenido relevante y participar en conversaciones en plataformas como Facebook, Twitter e Instagram.
- **Webinars y eventos en línea:** Organizar sesiones informativas y de networking para interactuar directamente con tu audiencia.

Marketing de Afiliados

El marketing de afiliados implica trabajar con otros creadores de contenido o influencers para promocionar tus productos o servicios a cambio de una comisión por cada venta generada. Esta estrategia te permite aprovechar la audiencia y credibilidad de otros para expandir tu alcance. Algunas consideraciones clave para el marketing de afiliados incluyen:

- **Seleccionar afiliados relevantes y confiables:** Trabajar con personas o marcas que compartan tu público objetivo y valores.

- **Proporcionar materiales de marketing:** Crear banners, enlaces y descripciones para facilitar la promoción de tus ofertas.
- **Monitorear el rendimiento y pagar comisiones:** Rastrear las ventas generadas por cada afiliado y compensarlos según lo acordado.

Publicidad en Línea

La publicidad en línea te permite llegar a un público específico a través de diferentes canales digitales. Desde anuncios de pago por clic (PPC) en motores de búsqueda hasta campañas de remarketing y publicidad en redes sociales, existen múltiples formas de utilizar la publicidad para impulsar el tráfico y las ventas. Algunas estrategias efectivas incluyen:

- **Segmentación precisa:** Utilizar datos demográficos, de intereses y de comportamiento para llegar a tu público objetivo ideal.
- **Prueba y optimización:** Probar diferentes mensajes, imágenes y llamados a la acción para optimizar el rendimiento de tus campañas.
- **Remarketing:** Mostrar anuncios a usuarios que ya han interactuado con tu marca para recordarles tus ofertas.

- **Publicidad en redes sociales:** Aprovechar las sofisticadas herramientas de segmentación de plataformas como Facebook, Instagram y LinkedIn.

Email Marketing

El email marketing sigue siendo una de las formas más efectivas de comunicarse con tus clientes y prospectos. Al construir una lista de suscriptores comprometidos, puedes enviar ofertas personalizadas, contenido exclusivo y actualizaciones sobre tus productos o servicios. Algunas mejores prácticas para el email marketing incluyen:

- **Crear un incentivo para suscribirse:** Ofrecer un descuento, un regalo gratuito o contenido exclusivo a cambio de la suscripción.
- **Segmentar tu lista:** Dividir tu lista en grupos más pequeños basados en intereses, comportamiento o etapa del embudo de ventas.
- **Enviar contenido valioso y relevante:** Proporcionar información útil y entretenida que ayude a tu audiencia.
- **Optimizar para dispositivos móviles:** Asegurar que tus emails se vean bien y sean fáciles de leer en teléfonos y tabletas.

Redes Sociales

Las redes sociales son una poderosa herramienta para construir relaciones con tu audiencia y generar conciencia de marca. Al participar activamente en plataformas como Facebook, Instagram, Twitter y LinkedIn, puedes compartir contenido, interactuar con tus seguidores y atraer tráfico a tu sitio web. Algunas estrategias clave incluyen:

- **Elegir las plataformas adecuadas:** Enfocarse en las redes sociales donde se encuentra tu público objetivo.
- **Crear un calendario de contenido:** Planificar y programar publicaciones para mantener una presencia constante.
- **Participar en conversaciones:** Responder comentarios, hacer preguntas y participar en discusiones relevantes.
- **Colaborar con influencers y otros creadores:** Aprovechar las audiencias de otros para expandir tu alcance.

¿Cuáles son las estrategias de marketing digital más efectivas para atraer tráfico?

Para atraer tráfico a tu sitio web y convertir visitantes en clientes, es fundamental implementar estrategias de marketing digital efectivas. A continuación, se presentan algunas de las estrategias más recomendadas basadas en los resultados de búsqueda.

1. Optimización para Motores de Búsqueda (SEO)

El SEO es esencial para mejorar la visibilidad de tu sitio web en los motores de búsqueda. Al optimizar tu contenido y estructura, puedes atraer tráfico orgánico de usuarios que buscan productos o servicios relacionados con tu negocio. Las técnicas clave incluyen:

- **Investigación de Palabras Clave:** Identificar las palabras y frases que tu audiencia objetivo está buscando y utilizarlas estratégicamente en tu contenido.
- **Contenido de Calidad:** Crear contenido útil y relevante que responda a las preguntas y necesidades de tu público.
- **Optimización On-Page:** Asegurarte de que tus títulos, descripciones y etiquetas estén optimizados para SEO.
- Construcción de Enlaces: Obtener enlaces de sitios web de alta autoridad para mejorar la reputación de tu sitio.

2. Marketing de Contenido

El marketing de contenido se centra en crear y distribuir contenido valioso para atraer y retener a tu audiencia. Algunas tácticas efectivas incluyen:

- **Videos y Webinars:** Crear contenido visual que informe y eduque a tu audiencia, aumentando el compromiso.
- **Infografías y Recursos Descargables:** Ofrecer contenido visual atractivo que los usuarios puedan compartir y que les proporcione valor.

3. Publicidad en Línea

La publicidad digital, como el PPC (pago por clic), permite llegar a un público específico de manera rápida. Las estrategias incluyen:

- **Google Ads:** Utilizar anuncios de búsqueda para aparecer en los resultados de búsqueda relevantes.
- **Publicidad en Redes Sociales:** Crear anuncios en plataformas como Facebook, Instagram y LinkedIn para llegar a tu público objetivo.
- **Remarketing:** Mostrar anuncios a usuarios que ya han visitado tu sitio web para recordarles tus productos o servicios.

4. Marketing en Redes Sociales

Las redes sociales son una herramienta poderosa para interactuar con tu audiencia y aumentar la visibilidad de tu marca. Algunas estrategias efectivas son:

- **Publicación Regular:** Mantener una presencia activa en redes sociales publicando contenido de manera consistente.
- **Interacción con la audiencia:** Responder a comentarios y mensajes para construir relaciones y fomentar la lealtad.
- **Uso de Hashtags:** Utilizar hashtags relevantes para aumentar la visibilidad de tus publicaciones y atraer a nuevos seguidores.

5. Email Marketing

El email marketing es una forma efectiva de mantener la comunicación con tus clientes y prospectos. Algunas mejores prácticas incluyen:

- **Segmentación de la Lista:** Dividir tu lista de correos en grupos específicos para enviar contenido personalizado.

- **Ofertas Exclusivas:** Enviar promociones y descuentos a tus suscriptores para incentivarlos a realizar compras.
- **Contenido de Valor:** Proporcionar información útil y relevante en tus correos electrónicos para mantener el interés de tus suscriptores.

6. Marketing de Afiliados

El marketing de afiliados permite que otros promocionen tus productos a cambio de una comisión por cada venta generada. Esta estrategia puede ampliar tu alcance y atraer tráfico adicional.

7. Inbound Marketing

El inbound marketing se centra en atraer clientes mediante la creación de contenido útil y relevante. En lugar de interrumpir a los usuarios con publicidad, se trata de ofrecer valor que los lleve a interactuar con tu marca.

8. Uso de Landing Pages

Las landing pages son páginas diseñadas específicamente para convertir visitantes en leads o clientes. Asegúrate de que estén optimizadas con llamados a la acción claros y contenido relevante.

¿Cómo puedo utilizar el email marketing para atraer y retener a mi audiencia?

El email marketing es una estrategia efectiva para atraer y retener a tu audiencia. Aquí te presento algunas recomendaciones basadas en los resultados de búsqueda:

Construye una Lista de Suscriptores Calificados

- Ofrece un incentivo como un descuento o contenido exclusivo a cambio de la suscripción.
- Coloca formularios de suscripción en lugares estratégicos de tu sitio web y redes sociales.
- Asegúrate de cumplir con las regulaciones de privacidad como el RGPD al recopilar direcciones de email.

Segmenta tu Lista de Correos

- Divide tu lista en grupos más pequeños basados en intereses, comportamiento o etapa del embudo de ventas.
- Envía contenido personalizado y relevante para cada segmento.
- Utiliza la segmentación para enviar ofertas especiales a clientes potenciales calificados.

Crea Contenido Valioso y Relevante

- Proporciona información útil, entretenida y educativa que ayude a tu audiencia.
- Incluye llamados a la acción claros para incentivar a los suscriptores a interactuar con tu marca.
- Varía el tipo de contenido como artículos, videos, infografías y encuestas para mantener el interés.

Optimiza para Dispositivos Móviles

- Asegúrate de que tus emails se vean bien y sean fáciles de leer en teléfonos y tabletas.
- Utiliza un diseño limpio, imágenes optimizadas y texto conciso.
- Prueba y ajusta el diseño hasta que obtengas tasas de apertura y clics altas.

Mide y Optimiza Continuamente

- Rastrea métricas clave como tasas de apertura, clics, rebotes y conversiones.
- Prueba diferentes asuntos, horarios de envío y llamados a la acción para optimizar el rendimiento.
- Ajusta tu estrategia según los resultados y las preferencias de tu audiencia.

Implementando estas prácticas, podrás utilizar el email marketing de manera efectiva para atraer y retener a tu audiencia. Recuerda que el email marketing es una estrategia a largo plazo que requiere consistencia y mejora continua para obtener resultados óptimos.

En Conclusión

Implementar una estrategia de marketing digital efectiva es esencial para hacer que tu marca sea visible y atractiva para tu público objetivo. Al combinar técnicas de SEO, marketing de contenido, publicidad y redes sociales, puedes atraer tráfico calificado a tu sitio web y convertirlo en clientes leales.

Recuerda que el marketing digital es un proceso continuo que requiere prueba, aprendizaje y optimización constantes. No tengas miedo de probar nuevas estrategias y ajustar tu enfoque según los resultados. Con dedicación y una mentalidad de crecimiento, podrás dominar el arte del marketing digital y llevar tu negocio al siguiente nivel.

Capítulo 7

Superando Obstáculos: La Mentalidad del Emprendedor

En el emocionante viaje hacia el éxito en línea, es inevitable enfrentar desafíos y obstáculos a lo largo del camino. Sin embargo, es la forma en que respondemos a estos retos la que determina en gran medida nuestro éxito final. En este capítulo, exploraremos cómo desarrollar la mentalidad del emprendedor para superar los obstáculos y alcanzar tus metas de prosperidad.

Adopta una Mentalidad de Crecimiento

Una de las claves para superar los desafíos es tener una mentalidad de crecimiento. Esto significa creer que tus habilidades y conocimientos pueden desarrollarse a través del esfuerzo y la dedicación. En contraste con una mentalidad fija, que asume que las capacidades son estáticas, una mentalidad de crecimiento te permite ver los obstáculos como oportunidades de aprendizaje y mejora.

Al adoptar una mentalidad de crecimiento, puedes:

- Abrazar los desafíos como oportunidades para crecer y mejorar.
- Perseverar a través de la adversidad, sabiendo que el esfuerzo y la dedicación conducen al éxito.
- Aprender de tus errores y usarlos como trampolines para el crecimiento.
- Celebrar los logros de los demás como inspiración para tu propio desarrollo.

Desarrollar Resiliencia

La resiliencia es la capacidad de recuperarse y adaptarse ante la adversidad. En el mundo empresarial, la resiliencia es fundamental para superar los altibajos y mantener el rumbo hacia el éxito. Algunas estrategias para desarrollar resiliencia incluyen:

- Practicar el autoconocimiento y la autocompasión. Sé amable contigo mismo cuando enfrentes dificultades.
- Desarrollar una red de apoyo confiable. Rodéate de personas que te alienten y te ayuden a mantener la perspectiva.

- Practicar técnicas de gestión del estrés como la meditación, el ejercicio y el descanso adecuado.
- Celebrar pequeños logros y éxitos a lo largo del camino para mantener la motivación.

Enfócate en lo que Puedes Controlar

En el mundo empresarial, hay muchos factores externos que escapan a nuestro control, como la economía, la competencia o los cambios en la industria. En lugar de preocuparte por lo que no puedes controlar, enfócate en aquellas áreas donde puedes tener un impacto real. Algunas formas de hacerlo incluyen:

- Centrarte en mejorar continuamente tus habilidades y conocimientos.
- Optimizar tus procesos internos y flujos de trabajo para aumentar la eficiencia.
- Construir relaciones sólidas con clientes, proveedores y socios clave.
- Adaptarte rápidamente a los cambios del mercado y aprovechar nuevas oportunidades.

Aprende de los Fracasos

En el mundo empresarial, el fracaso es inevitable. Sin embargo, la clave está en aprender de estos momentos difíciles y usarlos como trampolines hacia el éxito. Algunas formas de aprender de los fracasos incluyen:

- Analizar objetivamente qué salió mal y por qué.
- Identificar lecciones clave que puedas aplicar en el futuro.
- Compartir tus experiencias con otros emprendedores para aprender de sus perspectivas.
- Celebrar los fracasos como oportunidades de crecimiento y mejora.

Mantén una Visión a Largo Plazo

En medio de los desafíos diarios, es fácil perder de vista el panorama general. Sin embargo, mantener una visión a largo plazo es crucial para mantenerte enfocado y motivado. Algunas formas de hacerlo incluyen:

- Establecer metas a corto, mediano y largo plazo que te ayuden a visualizar el camino hacia el éxito.
- Crear un plan de acción detallado que te guíe en el logro de tus objetivos.

- Celebrar hitos y éxitos a lo largo del camino para mantener la perspectiva.
- Revisar y ajustar tu visión y plan según sea necesario para adaptarte a los cambios.

Cuida tu Bienestar General

Finalmente, es importante recordar que el éxito empresarial no se logra a expensas de tu bienestar general. Cuidar tu salud física y mental es fundamental para mantener la energía, la motivación y la claridad necesarias para superar los desafíos. Algunas formas de cuidar tu bienestar incluyen:

- Practicar hábitos saludables como una dieta equilibrada, ejercicio regular y sueño suficiente.
- Tomarte descansos regulares para relajarte y recargar energías.
- Cultivar intereses y pasatiempos fuera del ámbito empresarial para mantener una perspectiva equilibrada.
- Buscar apoyo profesional si experimentas problemas de salud mental como ansiedad o depresión.

¿Qué estrategias de resiliencia son más efectivas para emprendedores en línea?

Para los emprendedores en línea, la resiliencia es una habilidad crucial que les permite enfrentar y superar los desafíos inherentes al mundo empresarial. A continuación, se presentan algunas estrategias efectivas para desarrollar esta capacidad y mantener una mentalidad positiva en tiempos difíciles.

1. Cultivar una Actitud de Crecimiento

Adoptar una mentalidad de crecimiento implica ver los problemas como oportunidades de aprendizaje. En lugar de desanimarte ante los fracasos, considera cada obstáculo como una lección valiosa que te acerca a tus objetivos. Esta perspectiva te permite:

- Buscar lecciones en cada experiencia difícil.
- Encontrar sentido en los desafíos, lo que puede motivarte a seguir adelante.
- Mantener la motivación al recordar que el crecimiento personal y profesional es un proceso continuo.

2. Establecer una Red de Apoyo

Contar con un sólido sistema de apoyo social es fundamental para la resiliencia. Rodearte de personas que te alienten y te brinden apoyo emocional puede ser un gran recurso en momentos difíciles. Considera:

- Buscar el respaldo de amigos, familiares o colegas que comprendan tus desafíos.
- Participar en grupos de emprendedores donde puedas compartir experiencias y recibir consejos.
- Consultar a profesionales de la salud mental si sientes que necesitas apoyo adicional.

3. Practicar el Autocuidado

El autocuidado es esencial para mantener la resiliencia. Priorizar tu bienestar físico y mental te ayudará a enfrentar mejor los desafíos. Algunas prácticas de autocuidado incluyen:

- Mantener hábitos saludables: Come de manera equilibrada, haz ejercicio regularmente y asegúrate de descansar lo suficiente.

- Dedicar tiempo a actividades placenteras: Encuentra momentos para disfrutar de tus pasatiempos y relajarte.
- Establecer límites: Aprende a decir "no" a compromisos que te agoten y que no se alineen con tus objetivos.

4. Desarrollar Habilidades de Afrontamiento

Aprender y practicar técnicas de afrontamiento saludables puede fortalecer tu resiliencia. Algunas estrategias incluyen:

- Resolución de problemas: Aborda los desafíos de manera estructurada, identificando soluciones viables y tomando acción.
- Gestión emocional: Practica técnicas de regulación emocional, como la meditación o la respiración profunda, para mantener la calma en situaciones estresantes.
- Cambio de pensamientos negativos: Reemplaza pensamientos autocríticos con afirmaciones positivas y realistas.

5. Mantener una Perspectiva Positiva

La forma en que percibes los eventos adversos influye en tu capacidad para recuperarte. Fomentar una perspectiva positiva puede ayudarte a:

- Ver la adversidad como un desafío en lugar de una amenaza.
- Mantener la esperanza y la confianza en tu capacidad para superar obstáculos.
- Reconocer tus logros, por pequeños que sean, para mantener la motivación.

6. Aprender de los Fracasos

Los fracasos son una parte inevitable del emprendimiento. En lugar de verlos como derrotas, considera cómo pueden contribuir a tu crecimiento. Reflexiona sobre:

- Qué salió mal y cómo puedes evitar errores similares en el futuro.
- Las lecciones aprendidas que puedes aplicar a tus próximos proyectos.
- La importancia de la perseverancia y cómo cada intento te acerca a tus objetivos.

7. Establecer Metas Realistas

Definir metas claras y alcanzables puede proporcionarte un sentido de dirección y propósito. Al establecer metas:

- Divide tus objetivos en pasos más pequeños y manejables.
- Celebra los logros a medida que avanzas, lo que te motivará a seguir trabajando.
- Revisa y ajusta tus metas según sea necesario para adaptarte a las circunstancias cambiantes.

En Conclusión

Desarrollar resiliencia es un proceso continuo que requiere práctica y dedicación. Al cultivar una actitud de crecimiento, establecer una red de apoyo, practicar el autocuidado, desarrollar habilidades de afrontamiento, mantener una perspectiva positiva, aprender de los fracasos y establecer metas realistas, estarás mejor preparado para enfrentar los desafíos que surgen en el camino hacia el éxito en línea.

Recuerda que la resiliencia no significa evitar el dolor o la dificultad, sino aprender a navegar a través de ellos con fortaleza y determinación. Con el tiempo, estas estrategias te ayudarán a convertirte en un emprendedor más fuerte y adaptable, capaz de enfrentar cualquier obstáculo que se presente en tu camino. Superar los desafíos que surgen en el camino hacia el éxito en línea requiere desarrollar la mentalidad del emprendedor. Al adoptar una mentalidad de crecimiento, cultivar resiliencia, enfocarte en lo que puedes controlar, aprender de los fracasos, mantener una visión a largo plazo y cuidar tu bienestar general, estarás bien equipado para navegar por los altibajos del mundo empresarial. Recuerda que el éxito no es un destino, sino un viaje. Cada desafío que superes te hará más fuerte y más preparado para alcanzar tus metas de prosperidad.

Capítulo 8

Generando Ingresos Pasivos: Trabaja una Vez, Gana Siempre

En el camino hacia la abundancia financiera, los ingresos pasivos son un elemento clave. Imagine poder ganar dinero mientras duerme, sin intercambiar horas por dólares. Vamos a explorar a continuación métodos probados para crear fuentes de ingresos pasivos que te permitan alcanzar la libertad financiera y vivir la vida que deseas.

¿Qué son los Ingresos Pasivos?

Los ingresos pasivos se definen como ganancias que se generan de manera continua con una inversión inicial de tiempo y esfuerzo. A diferencia de los ingresos activos, que requieren una participación constante, los ingresos pasivos te permiten ganar dinero incluso cuando no estás trabajando activamente.

Algunos ejemplos de ingresos pasivos incluyen:

- **Venta de productos digitales:** ebooks, cursos en línea, plantillas y software.
- **Alquiler de propiedades**: bienes raíces, vehículos o equipos.
- **Inversiones:** acciones, bonos, fondos mutuos o bienes raíces.
- **Ingresos por regalías:** De libros, música, patentes o inventos.
- **Marketing de afiliados:** promoción de productos de otras empresas a cambio de comisiones.

Beneficios de los Ingresos Pasivos

Generar ingresos pasivos ofrece múltiples beneficios que pueden transformar tu vida financiera:

- **Libertad Financiera:** Al diversificar tus fuentes de ingresos, reduces tu dependencia de un solo empleo o negocio.
- **Seguridad:** Los ingresos pasivos te brindan una red de seguridad financiera en tiempos de incertidumbre o crisis.

- **Flexibilidad:** Puedes ganar dinero sin estar atado a un horario o ubicación específicos.
- **Crecimiento:** Al reinvertir los ingresos pasivos, puedes acelerar tu camino hacia la riqueza.
- **Impacto:** Puedes utilizar tus ingresos pasivos para hacer un bien, apoyando causas o proyectos que te importan.

Estrategias para Generar Ingresos Pasivos

Ahora que conoces los beneficios de los ingresos pasivos, veamos algunas estrategias efectivas para crearlos:

1. Venta de Productos Digitales

Crear y vender productos digitales es una de las formas más rentables de generar ingresos pasivos. Algunos ejemplos incluyen:

- **e-books:** Recopila y edita tu conocimiento en un libro electrónico.
- **Cursos en línea:** Graba y compila tus habilidades en un curso en línea.
- **Plantillas y gráficos:** Diseña y vende plantillas para presentaciones, sitios web o redes sociales.

- **Aplicaciones móviles:** Desarrolla y lanza aplicaciones útiles o entretenidas.

La clave es crear un producto de calidad que resuelva un problema o satisfaga una necesidad de tu público objetivo. Una vez que hayas creado el producto, puedes venderlo repetidamente con un costo marginal mínimo.

2. Alquiler de Propiedades

Invertir en bienes raíces es una forma clásica de generar ingresos pasivos. Algunas opciones incluyen:

- **Alquiler de apartamentos o casas:** Compra propiedades y alquilalas a inquilinos a largo plazo.
- **Alquiler a corto plazo:** Ofrece tu propiedad o habitación en plataformas como Airbnb para huéspedes de vacaciones.
- **Alquiler de vehículos:** Alquila tu automóvil, barco o RV cuando no lo uses.

Si bien requiere una inversión inicial, el alquiler de propiedades puede proporcionar ingresos mensuales estables a largo plazo. Asegúrate de hacer una investigación exhaustiva, mantener tus propiedades en buen estado y trabajar con inquilinos confiables.

3. Inversiones

Invertir en activos que generen ingresos es otra forma de crear flujos de efectivo pasivos. Algunas opciones incluyen:

- **Acciones que pagan dividendos:** Invierte en empresas establecidas que distribuyen regularmente ganancias a sus accionistas.
- **Bonos:** Presta dinero a gobiernos o empresas a cambio de pagos de intereses periódicos.
- **Fondos mutuos:** Invierte en una cartera diversificada de acciones o bonos gestionada por expertos.
- **Bienes raíces:** Invierte en fondos o fideicomisos de inversión inmobiliaria (REIT) que generan ingresos por alquiler.

Si bien las inversiones conllevan riesgos, diversificar tu cartera y mantener una perspectiva a largo plazo puede ayudarte a generar ingresos pasivos de manera segura.

4. Ingresos por Regalías

Obtener regalías por tu trabajo creativo es otra forma de generar ingresos pasivos. Algunos ejemplos incluyen:

- **Libros:** Publica libros físicos o electrónicos y recibe regalías cada vez que se venden.

- **Música:** Graba y lanza música que genere ingresos por streaming o descargas.
- **Patentes e inventos:** Registra y licencia tus ideas innovadoras a empresas que las comercialicen.

Si bien obtener regalías puede llevar tiempo y esfuerzo iniciales, pueden convertirse en una fuente de ingresos pasivos a largo plazo a medida que tu trabajo gana popularidad.

5. Marketing de Afiliados

El marketing de afiliados implica promover los productos o servicios de otras empresas a cambio de comisiones por ventas. Algunas estrategias incluyen:

- **Blogging:** Escribe reseñas y artículos que incluyan enlaces de afiliado a productos relevantes.
- **Redes sociales:** Comparte ofertas y enlaces de afiliado en plataformas como Instagram o YouTube.
- **Email marketing:** Envía ofertas de productos de afiliados a tu lista de suscriptores por correo electrónico.

Para tener éxito en el marketing de afiliados, es importante elegir productos de alta calidad que se alineen con tu marca y audiencia.

Construir una audiencia comprometida y generar tráfico a tus canales también son claves.

La gestión de efectivo es un aspecto crucial para el éxito de cualquier empresa, ya que garantiza que haya suficiente liquidez para operar y crecer. A continuación, se presentan algunas estrategias efectivas para mejorar el flujo de efectivo en tu negocio:

1. Acelera tus Cuentas por Cobrar

Una de las formas más efectivas de mejorar el flujo de efectivo es acelerar el proceso de cobro. Esto se puede lograr mediante:

- **Facturación Oportuna:** Envía las facturas tan pronto como se complete el trabajo o se entregue el producto.
- **Ofrecer Descuentos por Pago Anticipado:** Incentiva a los clientes a pagar antes de la fecha de vencimiento ofreciendo un pequeño descuento.
- **Automatización del Proceso de Cobro:** Utiliza software de contabilidad que automatice la facturación y el seguimiento de cuentas por cobrar, lo que puede reducir errores y acelerar el proceso.

2. Negocia con Proveedores

Negociar mejores términos con tus proveedores puede liberar efectivo. Algunas estrategias incluyen:

- **Plazos de Pago Extendidos:** Negocia plazos de pago más largos para mantener el efectivo en tu negocio durante más tiempo.
- **Descuentos por Compras en Volumen:** Si puedes comprometerte a comprar en mayores cantidades, esto puede llevar a descuentos significativos.
- **Investiga el Mercado:** Conocer las condiciones de otros proveedores te dará una base sólida para negociar.

3. Controla tus Gastos

Mantener un control riguroso sobre los gastos es esencial para mejorar el flujo de efectivo. Algunas acciones incluyen:

- **Revisar y Reducir Costos:** Examina tus gastos operativos y busca áreas donde puedas reducir costos sin sacrificar la calidad.
- **Implementar presupuestos:** Establece presupuestos para cada departamento y controla el gasto en relación con esos presupuestos.

- **Priorizar Gastos:** Asegúrate de que los gastos estén alineados con las prioridades estratégicas de tu negocio.

4. Retrasa tus Cuentas por Pagar

Si es posible, retrasa el pago de tus cuentas por pagar. Esto puede ayudar a mantener más efectivo en tu negocio. Algunas estrategias incluyen:

- **Negociar Términos de Pago:** Habla con tus proveedores sobre la posibilidad de extender los plazos de pago.
- **Dividir Pagos en Cuotas:** Si tienes facturas grandes, considera dividirlas en varias cuotas para facilitar el flujo de efectivo.
- **5. Mantén un Fondo de Emergencia**

Tener un fondo de emergencia puede ser vital para manejar imprevistos sin afectar tu flujo de efectivo diario. Esto te permitirá:

- **Cubrir Gastos Inesperados:** Tener un colchón financiero te ayudará a enfrentar situaciones inesperadas sin comprometer la liquidez.

- **Evitar Deudas:** Un fondo de emergencia puede prevenir la necesidad de recurrir a préstamos costosos en momentos de crisis.

6. Utiliza Tecnología para la Gestión Financiera

La incorporación de tecnología puede optimizar la gestión del flujo de efectivo. Algunas herramientas útiles son:

- **Software de Contabilidad:** Utiliza programas que te permitan llevar un registro preciso de tus ingresos y gastos, así como generar informes en tiempo real.
- **Cajones Inteligentes de Cobro:** Implementar tecnología avanzada en el punto de venta puede mejorar la seguridad y eficiencia en las transacciones.

7. Monitorea Regularmente tu Flujo de Efectivo

Realiza un seguimiento regular de tu flujo de efectivo para identificar tendencias y hacer ajustes cuando sea necesario. Algunas prácticas incluyen:

- **Revisiones Mensuales:** Realiza un análisis mensual de tus ingresos y gastos para evaluar la salud financiera de tu negocio.

- **Proyecciones de Flujo de Efectivo:** Crea proyecciones de flujo de efectivo a corto y largo plazo para anticipar necesidades futuras.

¿Cómo se puede asegurar que una estrategia empresarial sea coherente y efectiva?

Para asegurar que una estrategia empresarial sea coherente y efectiva, es fundamental seguir una serie de pasos y principios que alineen las acciones de la organización con su visión, misión y valores. A continuación, se presentan algunas recomendaciones clave basadas en los resultados de búsqueda:

1. Definir Claramente la Visión y Misión

La coherencia comienza con una comprensión clara de la visión y misión de la empresa. La visión establece el futuro deseado, mientras que la misión define el propósito actual de la organización. Asegúrate de que todos los miembros de la organización comprendan y compartan estos conceptos. Esto proporcionará una guía sólida para la toma de decisiones y la formulación de estrategias.

2. Establecer Objetivos Claros y Medibles

Los objetivos deben ser específicos, medibles, alcanzables, relevantes y con un límite de tiempo (SMART). Esto permite a la organización tener un enfoque claro y evaluar el progreso hacia el logro de la estrategia. La claridad en los objetivos ayuda a alinear los esfuerzos de todos los departamentos y equipos.

3. Alinear Recursos y Capacidades

Es crucial que los recursos de la empresa (humanos, financieros y tecnológicos) estén alineados con la estrategia. Esto implica:

- **Asignar recursos adecuados:** Asegúrate de que los recursos necesarios estén disponibles para implementar la estrategia.
- **Desarrollar capacidades:** Identifica qué habilidades y competencias son necesarias y trabaja en su desarrollo a través de capacitación y formación.

4. Fomentar una Cultura Organizacional Coherente

La cultura de la organización debe reflejar y apoyar la estrategia. Esto incluye:

- **Promover valores compartidos:** Fomentar un ambiente donde los empleados se sientan alineados con los valores de la empresa.
- **Comunicación abierta:** Establecer canales de comunicación que permitan a los empleados expresar sus opiniones y preocupaciones sobre la estrategia.
- **Reconocimiento y recompensas:** Valorar y recompensar comportamientos que estén alineados con la estrategia y la cultura deseada.

5. Monitorear y Evaluar el Progreso

Implementar un sistema de seguimiento que permita evaluar el progreso hacia los objetivos establecidos. Esto incluye:

- **Indicadores Clave de Rendimiento (KPI):** Definir métricas que midan el éxito de la estrategia y permitan realizar ajustes si es necesario.
- **Revisiones periódicas:** Realizar evaluaciones regulares para analizar el desempeño y hacer ajustes en la estrategia según sea necesario.

6. Adaptarse a Cambios en el Entorno

La flexibilidad es esencial para mantener la coherencia y efectividad de la estrategia. Esto implica:

- Análisis del entorno: Mantenerse informado sobre cambios en el mercado, la competencia y otros factores externos que puedan afectar la estrategia.
- Ajustes estratégicos: Estar dispuesto a modificar la estrategia en respuesta a nuevos desafíos y oportunidades.

7. Involucrar a Todos los Niveles de la Organización

La implementación de una estrategia efectiva requiere el compromiso de todos los niveles de la organización. Esto se puede lograr mediante:

- Participación en la formulación de la estrategia: Involucrar a empleados de diferentes niveles y departamentos en el proceso de desarrollo de la estrategia.
- Comunicación clara: Asegurarse de que todos comprendan su papel en la implementación de la estrategia y cómo contribuyen al éxito general.

8. Liderazgo Comprometido

El compromiso y la visión de los líderes son fundamentales para la coherencia de la estrategia. Los líderes deben:

- **Modelar el comportamiento deseado:** Actuar de acuerdo con los valores y principios de la estrategia.
- **Comunicar la importancia de la estrategia:** Reforzar constantemente la relevancia de la estrategia en todas las interacciones con los empleados.

En Conclusión

Asegurar que una estrategia empresarial sea coherente y efectiva requiere un enfoque integral que alinee la visión, misión y valores de la organización con las acciones y decisiones diarias. Al definir claramente los objetivos, alinear recursos, fomentar una cultura organizacional coherente, monitorear el progreso y adaptarse a los cambios, las empresas pueden maximizar sus posibilidades de éxito y lograr resultados sostenibles a largo plazo.

Capítulo 9

Escalando tu Negocio: De la Idea a la Abundancia

En el emocionante mundo del emprendimiento en línea, la capacidad de escalar tu negocio es fundamental para alcanzar la abundancia financiera. Una vez que hayas establecido una base sólida para tu empresa, es crucial implementar estrategias efectivas que te permitan hacer crecer tus ingresos y expandir tu impacto. En este capítulo, exploraremos técnicas probadas para escalar tu negocio en línea y maximizar tus ganancias.

Diversifica tus Ingresos

Una de las claves para escalar tu negocio es diversificar tus fuentes de ingresos. Al ofrecer una variedad de productos y servicios, puedes llegar a un público más amplio y reducir tu dependencia de una sola línea de ingresos. Algunas formas de diversificar incluyen:

- **Vender productos complementarios:** Ofrece productos relacionados con tu oferta principal para aumentar el valor para el cliente y tus ingresos por venta.
- **Crear paquetes y ofertas de valor:** Combina varios productos o servicios en paquetes atractivos para incentivar compras de mayor valor.
- **Desarrollar nuevas líneas de productos:** Expande tu catálogo con nuevas ofertas que satisfagan las necesidades cambiantes de tus clientes.
- **Licenciar tu propiedad intelectual:** Otorga licencias de tu marca, contenido o tecnología a terceros para generar ingresos adicionales.

Escala tus Operaciones

Para hacer crecer tu negocio, también debes escalar tus operaciones de manera eficiente. Esto implica optimizar procesos, automatizar tareas y contratar personal cuando sea necesario. Algunas estrategias incluyen:

- **Implementar sistemas y software:** Utiliza herramientas que te permitan gestionar pedidos, inventario, envíos y atención al cliente de manera automatizada.
- **Subcontratar tareas no esenciales:** Delega actividades como contabilidad, marketing o atención al cliente a proveedores externos para enfocarte en tu core business.
- **Contratar y capacitar personal clave:** A medida que tu negocio crece, incorpora talento que pueda asumir responsabilidades y liberar tu tiempo para tareas estratégicas.
- **Optimizar la cadena de suministro:** Trabaja con proveedores confiables y establece procesos eficientes para garantizar la entrega oportuna de productos a tus clientes.

Expande tu Alcance

Otra forma de escalar tu negocio es expandir tu alcance geográfico y digital. Al llegar a nuevos mercados y plataformas, puedes aumentar significativamente tu base de clientes y tus ingresos. Algunas estrategias incluyen:

- **Vender en marketplaces globales:** Ofrece tus productos en plataformas como Amazon, eBay o Etsy para acceder a millones de compradores en todo el mundo.
- **Optimizar tu sitio web para SEO:** Asegúrate de que tu sitio web esté bien posicionado en los motores de búsqueda para atraer tráfico orgánico de clientes potenciales.
- **Participar en redes sociales relevantes:** Elige las plataformas donde se encuentra tu público objetivo y construye una presencia activa para generar conciencia de marca y tráfico.
- **Expandir a nuevos mercados geográficos:** Estudia la posibilidad de ofrecer envíos internacionales o abrir mercados en nuevas regiones si tu modelo de negocio lo permite.

Mejora Continuamente

Para mantener el crecimiento a largo plazo, es esencial adoptar una mentalidad de mejora continua. Esto implica monitorear constantemente el rendimiento de tu negocio, recopilar retroalimentación de clientes y probar nuevas estrategias. Algunas acciones clave incluyen:

- **Analizar datos de rendimiento:** Utiliza herramientas de análisis web y métricas clave para evaluar el desempeño de tus campañas de marketing, productos y operaciones.
- **Recopilar retroalimentación de clientes:** Solicita comentarios a tus clientes a través de encuestas, reseñas y conversaciones para identificar áreas de mejora.
- **Probar y optimizar:** Implementa un enfoque de prueba y error para evaluar nuevos productos, canales de marketing y estrategias de precios. Ajusta tu enfoque según los resultados.
- **Aprender y adaptarse:** Mantente al tanto de las últimas tendencias y mejores prácticas en tu industria. Adapta tu negocio para aprovechar nuevas oportunidades y mantenerte relevante.

Construye Relaciones Duraderas

Finalmente, recuerda que el éxito a largo plazo depende de construir relaciones duraderas con tus clientes. Al brindar una experiencia excepcional y fomentar la lealtad, puedes generar ingresos recurrentes y beneficiarte del marketing de boca en boca. Algunas estrategias incluyen:

- **Ofrecer un servicio al cliente excepcional:** Responde rápidamente a las consultas y problemas de tus clientes, y ve más allá para superar sus expectativas.
- **Implementar un programa de fidelización:** Recompensa a tus clientes más leales con descuentos, regalos o acceso anticipado a nuevos productos.
- **Mantener una comunicación regular:** Envía boletines informativos, ofertas especiales y actualizaciones a tus clientes para mantenerlos comprometidos con tu marca.
- **Aprovechar el marketing de recomendaciones:** Incentiva a tus clientes satisfechos a referir a amigos y familiares ofreciendo incentivos o recompensas.

¿Qué errores comunes debo evitar al intentar escalar mi negocio?

Al intentar escalar tu negocio, es crucial evitar ciertos errores comunes que pueden obstaculizar tu crecimiento y afectar tu rentabilidad. A continuación, se presentan algunos de los errores más frecuentes que debes tener en cuenta:

1. No Tener un Plan de Escalamiento Claro

Uno de los errores más comunes es no contar con un plan de escalamiento bien definido. Sin una estrategia clara, es fácil perderse en el proceso de crecimiento y tomar decisiones impulsivas. Para evitar esto:

- **Establece metas específicas y alcanzables:** Define qué significa "escalar" para tu negocio y establece objetivos claros a corto y largo plazo.
- **Crea un plan de acción detallado:** Especifica las acciones necesarias para alcanzar tus metas y asigna responsabilidades a los miembros del equipo.

2. Ignorar el Análisis de Datos

La falta de análisis de datos puede llevar a decisiones mal informadas. Ignorar las métricas clave puede resultar en un crecimiento descontrolado o en la falta de dirección. Para evitar este error:

- **Monitorea indicadores clave de rendimiento (KPI):** Establece métricas que te permitan evaluar el rendimiento y la salud de tu negocio.

- **Utiliza herramientas de análisis:** Implementa software que te ayude a recopilar y analizar datos relevantes sobre tus operaciones y clientes.

3. No Adaptarse a las Necesidades del Cliente

A medida que escalas, es fundamental mantener el enfoque en las necesidades de tus clientes. Ignorar sus comentarios y requerimientos puede resultar en una pérdida de lealtad y ventas. Para evitar esto:

- **Recoge retroalimentación regularmente:** Realiza encuestas y entrevistas para comprender mejor las necesidades y expectativas de tus clientes.
- **Adapta tus productos y servicios:** Asegúrate de que tu oferta evolucione en función de las demandas del mercado y de tus clientes.

4. Subestimar la Importancia del Marketing

El crecimiento de un negocio no solo depende de la calidad del producto o servicio, sino también de una estrategia de marketing efectiva. Muchos emprendedores cometen el error de no invertir lo suficiente en marketing al escalar. Para evitar esto:

- **Desarrolla una estrategia de marketing sólida:** Asegúrate de que tu plan de marketing esté alineado con tus objetivos de escalamiento.
- **Explora diferentes canales de marketing:** Utiliza redes sociales, marketing de contenido, SEO y publicidad pagada para aumentar tu visibilidad.

5. No Invertir en Tecnología

La falta de inversión en tecnología puede limitar tu capacidad para escalar. Las herramientas y sistemas adecuados son esenciales para mejorar la eficiencia y la productividad. Para evitar este error:

- **Identifica las herramientas necesarias:** Evalúa qué software y tecnología pueden ayudar a automatizar procesos y mejorar la gestión.
- **Capacita a tu equipo:** Asegúrate de que tu personal esté capacitado para utilizar las nuevas herramientas y tecnologías de manera efectiva.

6. Ignorar la Cultura Organizacional

A medida que escalas, es fácil descuidar la cultura organizacional. Una cultura débil puede llevar a la desmotivación y a la rotación de personal. Para evitar esto:

- **Fomenta una cultura positiva:** Promueve un ambiente de trabajo donde los empleados se sientan valorados y motivados.
- **Comunica claramente la visión y misión:** Asegúrate de que todos los miembros del equipo comprendan y compartan los objetivos de la empresa.

7. No Delegar Adecuadamente

Al escalar, es fundamental delegar tareas y responsabilidades. Muchos emprendedores intentan hacerlo todo por sí mismos, lo que puede llevar al agotamiento y a una disminución de la calidad. Para evitar este error:

- **Identifica tareas que se pueden delegar:** Evalúa qué funciones pueden ser asumidas por otros miembros del equipo o contratistas externos.
- **Confía en tu equipo:** Permite que los miembros de tu equipo tomen decisiones y asuman responsabilidades para fomentar su crecimiento y desarrollo.

8. No Planificar para el Futuro

Finalmente, no planificar para el futuro puede ser un gran error al escalar un negocio. Sin una visión a largo plazo, es fácil perder el rumbo. Para evitar esto:

- **Desarrolla un plan estratégico a largo plazo:** Define cómo quieres que se vea tu negocio en el futuro y establece pasos concretos para llegar allí.
- **Revisa y ajusta tu plan regularmente:** A medida que el mercado y tu negocio evolucionan, asegúrate de que tu plan siga siendo relevante y efectivo.

En Conclusión

Escalar un negocio es un proceso emocionante, pero también puede ser desafiante. Al evitar estos errores comunes, podrás establecer una base sólida para el crecimiento sostenible y maximizar tus ingresos. Recuerda que el éxito no se trata solo de crecer rápidamente, sino de hacerlo de manera inteligente y estratégica. Con una planificación cuidadosa, un enfoque en el cliente y una cultura organizacional sólida, estarás bien posicionado para llevar tu negocio a nuevas alturas. La ejecución de decisiones, tener una actitud disciplinada y una mentalidad de crecimiento. Al diversificar tus ingresos, escalar tus operaciones, expandir tu alcance, mejorar continuamente y construir relaciones duraderas con tus clientes, podrás hacer crecer tu negocio de manera sostenible y alcanzar la abundancia financiera.

Capítulo 10

Viviendo la Vida que Sueñas: La Libertad Financiera a Tu Alcance

La libertad financiera es un concepto que resuena profundamente en el corazón de muchos emprendedores y soñadores. Se refiere a la capacidad de vivir la vida que deseas sin las restricciones impuestas por preocupaciones económicas. En este capítulo, exploraremos cómo puedes alcanzar esta libertad financiera y vivir la vida que sueñas, aprovechando estrategias prácticas y un enfoque mental positivo.

Comprendiendo la Libertad Financiera

La libertad financiera no se trata solo de acumular riqueza, sino de tener el control sobre tu vida y tus decisiones. Implica:

- **Independencia económica:** La capacidad de cubrir tus necesidades y deseos sin depender de un salario fijo o de un empleo tradicional.
- **Flexibilidad:** La libertad de elegir cómo y dónde trabajar, así como la posibilidad de dedicar tiempo a tus pasiones y relaciones.
- **Seguridad:** La tranquilidad que proviene de saber que tienes los recursos necesarios para enfrentar imprevistos y construir un futuro sólido.

Estableciendo Metas Financieras Claras

El primer paso hacia la libertad financiera es establecer metas claras y alcanzables. Estas metas te proporcionarán un sentido de dirección y propósito. Para definir tus objetivos financieros:

1. **Identifica tus deseos y necesidades:** Reflexiona sobre lo que realmente deseas en la vida. ¿Es viajar, comprar una casa, o tener un negocio propio?
2. **Establece metas a corto, mediano y largo plazo:** Divide tus objetivos en plazos específicos. Por ejemplo, ahorrar una cantidad determinada en un año, o invertir en un negocio en cinco años.

3. **Haz tus metas medibles:** Utiliza métricas concretas para evaluar tu progreso. Por ejemplo, "ahorrar 10,000€ en dos años" es más claro que "ahorrar dinero".

Creando un Plan Financiero

Una vez que hayas establecido tus metas, es fundamental crear un plan financiero que te guíe hacia su consecución. Este plan debe incluir:

- **Presupuesto:** Elabora un presupuesto que detalle tus ingresos y gastos mensuales. Esto te ayudará a identificar áreas donde puedes reducir costos y aumentar tus ahorros.
- **Estrategia de ahorro:** Establece un porcentaje de tus ingresos que destinarás al ahorro. Considera abrir cuentas de ahorro específicas para diferentes metas.
- **Inversiones:** Investiga y elige opciones de inversión que se alineen con tus objetivos financieros. Esto puede incluir acciones, bonos, bienes raíces o fondos indexados.

Generando Ingresos Pasivos

Como se discutió en capítulos anteriores, generar ingresos pasivos es una estrategia clave para alcanzar la libertad financiera. Algunas formas efectivas de hacerlo incluyen:

- **Crear productos digitales:** Como cursos en línea, e-books o plantillas que se pueden vender repetidamente.
- **Inversiones en bienes raíces:** Alquilar propiedades puede proporcionar un flujo de ingresos constante.
- **Marketing de afiliados:** Promover productos de otras empresas a cambio de comisiones por ventas.

Al diversificar tus fuentes de ingresos, reducirás la dependencia de un solo flujo de efectivo y aumentarás tus posibilidades de alcanzar la libertad financiera.

Manteniendo un Estilo de Vida Frugal

La frugalidad no significa privarte de lo que amas, sino ser consciente de tus gastos y priorizar lo que realmente importa. Algunas estrategias para mantener un estilo de vida frugal incluyen:

- **Evitar deudas innecesarias:** Limita el uso de tarjetas de crédito y evita gastos impulsivos.

- **Priorizar experiencias sobre cosas:** En lugar de gastar en objetos materiales, invierte en experiencias que enriquezcan tu vida, como viajes o tiempo con seres queridos.
- **Buscar ofertas y descuentos:** Aprovecha las promociones y busca alternativas más económicas sin sacrificar calidad.

Invirtiendo en Tu Educación y Desarrollo Personal

La educación continua es esencial para alcanzar la libertad financiera. Al invertir en tu desarrollo personal y profesional, aumentarás tus habilidades y oportunidades. Considera:

- **Tomar cursos y talleres:** Mejora tus habilidades en áreas relevantes para tu negocio o carrera.
- **Leer libros y artículos:** Mantente informado sobre finanzas personales, inversiones y desarrollo profesional.
- **Unirte a redes de emprendedores:** Conéctate con otros emprendedores para compartir experiencias, consejos y apoyo.

Manteniendo una Mentalidad Positiva

La mentalidad es un factor crucial en la búsqueda de la libertad financiera. Mantener una actitud positiva y resiliente te ayudará a enfrentar desafíos y mantenerte enfocado en tus metas. Algunas estrategias incluyen:

- **Practicar la gratitud:** Reconocer y apreciar lo que ya tienes puede ayudarte a mantener una perspectiva positiva.
- **Visualizar el éxito:** Imagina cómo será tu vida una vez que alcances la libertad financiera. Esta visualización puede motivarte a seguir adelante.
- **Rodearte de personas positivas:** Conéctate con personas que te inspiren y apoyen en tu camino hacia la libertad financiera.

¿Cuáles son los pasos esenciales para alcanzar la libertad financiera?

Para alcanzar la libertad financiera, es esencial seguir una serie de pasos estratégicos que te permitan gestionar tus recursos de manera efectiva y construir un futuro económico sólido. A continuación, se presentan los pasos clave que debes considerar:

1. Establecer Metas Financieras Claras

Definir metas financieras específicas y alcanzables es el primer paso hacia la libertad financiera. Esto te ayudará a enfocar tus esfuerzos y a medir tu progreso. Considera establecer objetivos a corto, mediano y largo plazo, como:

- Ahorra una cantidad específica para emergencias o inversiones.
- Elimina deudas en un plazo determinado.
- Genera un ingreso pasivo a través de inversiones o negocios.

2. Crear un Presupuesto

Un presupuesto es una herramienta esencial para controlar tus finanzas. Debes conocer tus ingresos y gastos mensuales para poder gestionar tu dinero de manera efectiva. Esto implica:

- Registrar todos tus ingresos y gastos para identificar áreas donde puedas reducir costos.
- Establecer límites de gasto en categorías específicas, como entretenimiento, comida y transporte.
- Revisar y ajustar tu presupuesto regularmente para adaptarte a cambios en tus finanzas.

3. Eliminar Deudas

Las deudas son uno de los mayores obstáculos para alcanzar la libertad financiera. Para liberarte de ellas:

- Prioriza el pago de deudas con intereses altos: Comienza por aquellas que te generan más carga financiera.
- Considera métodos como la bola de nieve o la avalancha: Estos enfoques te ayudarán a pagar tus deudas de manera más efectiva.
- Negocia con tus acreedores: Busca opciones para reestructurar tus deudas o reducir tasas de interés.

4. Ahorrar e Invertir

El ahorro y la inversión son fundamentales para construir riqueza. Debes:

- **Crear un fondo de emergencia:** Ahorra al menos tres a seis meses de gastos para cubrir imprevistos.
- **Establecer un hábito de ahorro:** Dedica un porcentaje de tus ingresos al ahorro antes de gastar en otras cosas.

- **Investigar oportunidades de inversión:** Considera acciones, bonos, fondos de inversión o bienes raíces para hacer crecer tu dinero a largo plazo.

5. Generar Múltiples Fuentes de Ingresos

Tener varias fuentes de ingresos puede acelerar tu camino hacia la libertad financiera. Algunas ideas incluyen:

- **Invertir en bienes raíces:** Alquilar propiedades puede proporcionar un flujo de ingresos constante.
- **Crear productos digitales:** Vender e-books, cursos en línea o plantillas puede generar ingresos pasivos.
- **Ofrecer servicios en línea:** Considera freelancing o consultoría en áreas donde tengas experiencia.

6. Educarte en Finanzas Personales

La educación financiera es clave para tomar decisiones informadas. Invierte tiempo en aprender sobre:

- **Gestión del dinero:** Comprende conceptos básicos como presupuesto, ahorro e inversión.
- **Estrategias de inversión:** Aprende sobre diferentes tipos de inversiones y cómo funcionan.

- **Planificación para la jubilación:** Infórmate sobre cuentas de jubilación y cómo maximizar tus ahorros.

7. Mantener un Estilo de Vida Frugal

Adoptar un estilo de vida frugal te ayudará a maximizar tus ahorros. Esto implica:

- **Evitar gastos innecesarios:** Prioriza tus necesidades sobre tus deseos y busca alternativas más económicas.
- **Buscar ofertas y descuentos:** Aprovecha promociones y cupones para reducir tus gastos.
- **Reevaluar tus hábitos de consumo:** Reflexiona sobre lo que realmente valoras y ajusta tus gastos en consecuencia.

8. Revisar y Ajustar tu Plan Regularmente

La libertad financiera es un objetivo dinámico que puede requerir ajustes a lo largo del tiempo. Para mantenerte en el camino correcto:

- **Revisa tus metas y progreso:** Evalúa regularmente si estás cumpliendo tus objetivos financieros.
- **Adapta tu plan a cambios en tu vida:** Si experimentas cambios significativos, como un nuevo trabajo o un

cambio en tus gastos, ajusta tu estrategia en consecuencia.

- **Mantente informado sobre tendencias financieras:**

  La economía y los mercados cambian, por lo que es importante estar al tanto de las novedades.

Alcanzar la libertad financiera es un proceso que requiere dedicación, planificación y educación. Al establecer metas claras, crear un plan financiero, generar ingresos pasivos, mantener un estilo de vida frugal, invertir en tu educación y cultivar una mentalidad positiva, podrás vivir la vida que sueñas. Siguiendo estos pasos esenciales, podrás gestionar tus finanzas de manera efectiva y construir un futuro económico sólido. Recuerda que la libertad financiera no es un destino, sino un viaje continuo que te permitirá vivir la vida que deseas. Con perseverancia y un enfoque proactivo, podrás lograr tus objetivos y disfrutar de la tranquilidad que brinda la independencia económica.

Epílogo

De la Idea a la Abundancia

Queridos lectores,

Al llegar al final de este viaje titulado "De la Idea a la Abundancia: Tu Guía Definitiva para Prosperar en Línea", me siento emocionada y agradecida por haber compartido este espacio con ustedes. Soy Leocadia Zaplana Aguilar (Mi nombre cómo autora es: Lea Monera) y a mis 61 años, siento una pasión incansable y ferviente por la escritura. Nacida en una pequeña pedanía de Callosa de Segura (Alicante) España.

He aprendido que la vida es un continuo aprendizaje y que cada paso dado hacia la libertad financiera es un paso hacia la realización de nuestros sueños.

A lo largo de los capítulos, hemos explorado juntos los fundamentos esenciales para construir un negocio en línea exitoso. Desde la conceptualización de una idea hasta la implementación de estrategias que te permitan escalar y prosperar, cada sección ha sido diseñada para proporcionarte las herramientas , así como la orientación necesarias para transformar tus aspiraciones en realidades tangibles.

Reflexiones sobre el Viaje

Recuerdo mis propios comienzos, llenos de incertidumbres y retos. La idea de emprender puede parecer abrumadora, pero cada pequeño paso cuenta. La clave está en mantener una mentalidad abierta y resiliente. Hemos discutido la importancia de establecer metas claras, crear un plan financiero sólido y diversificar tus fuentes de ingresos. Estos son los pilares que sostendrán tu camino hacia la abundancia.

También hemos abordado la importancia de la gratitud y el respeto, valores que considero fundamentales en cualquier emprendimiento. Vivir desde la gratitud no solo enriquece nuestra vida personal, sino que también transforma nuestra relación con los demás, incluyendo a nuestros clientes y colaboradores. Al final del día, el éxito no se mide solo en cifras, sino en las conexiones humanas que cultivamos en el camino.

La Libertad Financiera como Objetivo

La libertad financiera es un objetivo alcanzable, pero requiere esfuerzo, dedicación y, sobre todo, una mentalidad positiva.

No se trata solo de acumular riqueza, sino de tener la capacidad de vivir la vida que realmente deseas. A través de la educación continua, la inversión en uno mismo y la creación de ingresos pasivos, puedes construir un futuro dónde las preocupaciones financieras no limiten tus deseos de abundancia y prosperidad.

Un Llamado a la Acción

Te invito a que tomes acción. Empieza hoy mismo a implementar las estrategias que hemos discutido. Ya sea que estés comenzando tu viaje empresarial o buscando escalar tu negocio actual, recuerda que cada paso cuenta. No temas cometer errores; son oportunidades para aprender y crecer. Mantente flexible, adapta tus estrategias y, sobre todo, nunca pierdas de vista tus metas.

Agradecimientos

Quiero agradecerte por acompañarme en este viaje. Tu interés en mejorar tu vida y alcanzar la libertad financiera es inspirador. Espero que este libro te haya proporcionado no solo información valiosa, sino también motivación para seguir adelante. Recuerda que la abundancia está al alcance de tu mano; solo necesitas dar el primer paso.

"De la Idea a la Abundancia" De Lea Monera

En la Vereda de los Cubos , 03360 Callosa de Segura (Alicante) España . A 25 de Julio del 2024.

Con gratitud y esperanza,

De Lea Monera

"De la Idea a la Abundancia" De Lea Monera

www.ingramcontent.com/pod-product-compliance
Lightning Source LLC
Chambersburg PA
CBHW071926210526
45479CB00002B/568